VORWORT

Über 10.000 Besucherinnen und Besucher werden seit den ersten „Mittwochs 18 Uhr in Rheinhessen“-Führungen gezählt, die im Jahr 2006 begannen – wer hätte je von dieser Zahl zu träumen gewagt? Wer hätte je gedacht, dass sich so viele Menschen für die eher verborgenen Schmuckstücke ihrer Heimat interessieren? Und sich jeden Mittwoch um 18 Uhr in den kleineren Orten und Örtchen Rheinhessens von einer Kultur- und WeinbotschafterIn (KWB) zu seltenen Pflanzen, zu Haken- und Vierseithöfen, zu Ruinen und Gedenksteinen, vor Maßwerkfenster und auf ehemalige Eisenbahnlinien führen lassen? Das kann unmöglich nur daran liegen, dass es zum Abschluss immer ein Glas Wein gibt …

Das Konzept war von Anfang an klar: Verborgene Schätze sollten entdeckt werden und damit die regionale Identität nach außen wie innen gestärkt werden.

Eine Erfolgsgeschichte, die 2005 mit dem ersten Lehrgang der Kultur- und WeinbotschafterIn begann. Dafür nahmen die KWB in spe eine aufwendige einjährige Ausbildung auf sich. Sie lernten Wissenswertes über die Kultur, Geschichte, Geologie und den Weinbau Rheinhessens, aber auch über Methodik und Didaktik von Führungen und ließen sich auch von schriftlichen Prüfungen und auszuarbeitenden Vorträgen nicht abschrecken. Inzwischen haben ungefähr 130 KWB in sieben Ausbildungsgängen ihre Prüfung abgelegt und führen regelmäßig Besucher zu den besonderen Schönheiten ihrer rheinhessischen Heimat.

Mit den Rheinhessischen Kleinoden haben sich die KWB nun entschlossen, eine Auswahl ihrer Führungen in einem Buch zu veröffentlichen.

So gedacht, dass man die Rundgänge sowohl mit KWB wie auch allein unternehmen kann, wobei der geführte Spaziergang natürlich viel mehr zu bieten hat: Können doch alle KWB wunderbar erzählen: Anekdoten, Geschichte und Geschichtchen und es gibt bei ihnen natürlich auch die Möglichkeit Fragen zu stellen. Trotzdem wollen wir mit den Rheinhessischen Kleinoden auch die Möglichkeit des individuell unternommen Rundgangs bieten: Die meisten Touren sind mit Karten versehen, es gibt genaue Angaben zum Ausgangspunkt, zu Länge und Dauer, zu Parkgelegenheiten und der Möglichkeit, den Ausgangspunkt mit dem Öffentlichen Personennahverkehr (ÖPNV) zu erreichen.

Weiterhin machen wir unter der Überschrift „Und außerdem" Vorschläge für zusätzliche Ziele an einem Ort und verweisen unter der Überschrift „In der Umgebung" auf andere nahe gelegene Ziele: Kombiniert werden können also zum Beispiel eine Nordic Walking-Tour oder eine Wanderung in Bechtheim mit einem anschließenden Spaziergang durch den Ort. Und für den Abschluss bei Spundekäs und einem Glas Wein gibt's unsere Einkehrtipps.
Entstanden ist damit aber auch ein Lesebuch, nach dessen Lektüre einem Rheinhessen noch ein bisschen deutlicher vor Augen steht ...
Danken möchte ich zuallerst Heike Sobotta, die über 1000 Kilometer durch Rheinhessen gefahren ist, 34 KWB auf 31 Touren begleitet hat, um deren Führungen dann zu Hause nach ihren Notizen auszuarbeiten.
Weiterhin möchte ich dem Verein der Kultur- und Weinbotschafter danken und hier ganz besonders dem Vorsitzenden, Thomas Huckle, für die Unterstützung dieses nicht unaufwendigen Projektes.
Und natürlich danke ich ganz besonders herzlich den 34 KWB, die sich haben begleiten und über die Schulter schauen lassen und uns ihre Fotos zur Verfügung gestellt haben! Ihr Engagement für ihre Arbeit als Kultur- und WeinbotschafterIn habe ich bei jedem meiner Telefonate gespürt, was wiederum auch mich angespornt hat.

Angelika Schulz-Parthu, Dezember 2011

Gibts was Schöneres? Eine Führung im Licht der Abendsonne vor typischer rheinhessischer Kulisse, hier mit Christina Mann

Reilchen-Paradies und barockes Kirchenrathaus

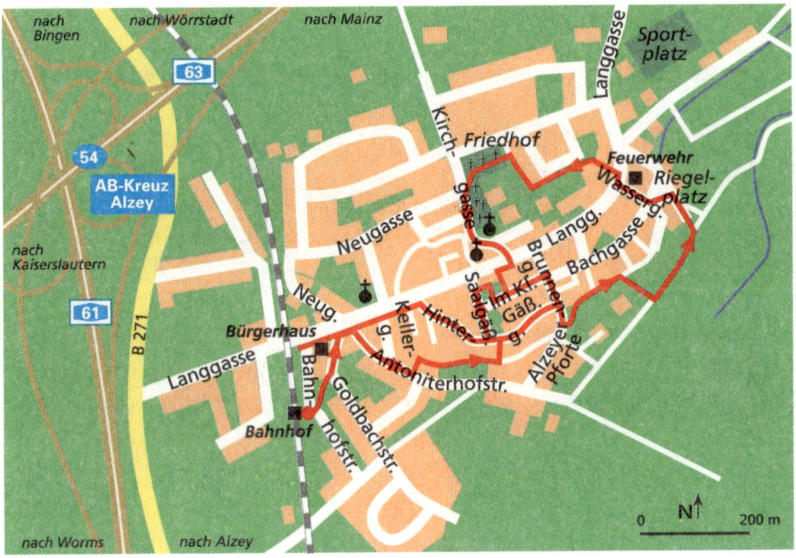

Rheinhessisches Reilchen-Paradies mit barockem Kirchenrathaus, das von der Ortsgemeinde und der Kirchengemeinde gemeinsam genutzt wird.

Kleine und kleinste enge Gässchen winden sich um und durch Albig – die Reilchen. Abgeleitet vom französischen Wort „Ruelle“ für Gässchen wurde daraus auf rhoihessisch „Reilcher“. Manchmal sind sie so schmal, dass sie nur einzeln hintereinander im Gänsemarsch passiert werden können. Diese Reilchen ziehen sich wie ein Netz durch das schönste Weindorf im Landkreis Alzey-Worms (so die Auszeichnung von 1993), in dem sich Auswärtige sogar verlaufen können. „Ich habe lange gebraucht, bis ich alle kannte, aber geliebt habe ich sie vom ersten Tag an“, erzählt Kultur- und Weinbotschafterin Sabine Holzlehner. Sie konzipierte eine Erlebnistour für alle Sinne durch die Albiger Reilchen. Für die Einheimischen sind diese Pfade willkommene Abkürzungen, um schnell von einem Punkt zum anderen zu kommen, für die Kinder sind es Geheimwege und „für mich sind sie unsere Fußgängerzone“, schmunzelt die Gästeführerin. Die meisten Reilchen tragen keine offiziellen Straßennamen, deshalb wissen auch nur die Eingeweihten genau, wo zum Beispiel das Krämersreilchen oder das Backesreilchen zu finden ist. Im Backesreilchen überreicht Sabine Holzlehner ihren Gästen immer das Kultrezept der Rheinhessen, „Backesgrumbeere“. Denn wie die Framersheimer sind auch die Albiger überzeugt, dass das Rezept aus ihrem Ort stamme.

Albig bietet zwei Möglichkeiten, seine „Reilcher“ kennenzulernen: durch den von der Gemeinde ausgeschilderten Rundgang oder als Zeitreise in Begleitung von Sabine Holzlehner. Mit ihr zusammen spüren die Besucher nicht nur den verschlungenen Pfaden nach, mit ihr wird die lange Geschichte des Ortes wach, mit ihr schauen Besucher in gepflegte Gärten und pittoreske Winkel, mit ihr riecht und fühlt man Kräuter, die am Wegesrand wachsen oder sich ihren Weg durch Mauerritzen bahnen, mit ihr sieht man auch eine typische rheinhessische Kuhkapelle im Originalzustand und mit ihr erlebt man andere Wege, als die offiziell ausgeschilderten.

Der Rundgang der Gemeinde startet am Dorfplatz und die Route nimmt den Weg von der Wassergasse zum Riegelplatz, durch die Bachgasse zur Brunnengasse und dann weiter zum Kleinen Gässchen, durch die Hintergasse bis zur Alzeyer Pforte, um anschließend über Hintergasse und Langgasse zum Dorfbrunnen und der Weed zu führen. Weiter geht's durch das Krämersreilchen, den Heidenpfad zur evangelischen Kirche und zum Kirchenrathaus, bis sich der Kreis am Dorfplatz schließt, nachdem man vorher noch ein Stück durch die Langgasse, vorbei am evangelischen Gemeindezentrum, gelaufen ist.

Anders der Weg mit der Gästeführerin. Sabine Holzlehner trifft ihre Gäste direkt am Bahnhof, wo es auch kostenfreie Parkplätze gibt. Sie ist leicht zu erkennen, da sie zu ihren Führungen ein dem Mittelalter nachempfundenes, selbst genähtes Leinengewand mit einer hellen Haube trägt. Nach der Begrüßung führt sie ihre Gruppe auf der gegenüberliegenden Straßenseite rechts von der Gaststätte „Fahnenweih“ zwischen Weide und Ahorn zu einem Weg. Schon

Zwei der Albiger „Reilcher"

hier erhalten die Besucher einen ersten Eindruck von dem, was Sabine Holzlehner unter Erlebnistour versteht. Sie meidet weitgehend den Straßenverkehr und damit die Hauptstraße des Ortes, mit ihr kommt man auf Schleichwegen zu den markanten Sehenswürdigkeiten von Albig, da sie von einem „Reilcher" ins nächste wandert. „Ich biete einen Erlebnisweg an", erklärt sie. Ihre Tour durchläuft zunächst die Ortsrand-Reilchen und dann die gepflegten innerörtlichen Pfade, denn sie mag die Garten- und Holztore und die malerischen Blickachsen, die rankenden Rosen- und Weinstöcke am Weg, die zum Fotografieren einladen. Dabei erzählt Sabine Holzlehner von Funden aus römischer und fränkischer Zeit, der ersten Erwähnung im Jahr 767 als „Albucha" und der Funktion der Reilchen als Fluchtwege. Sie erzählt vom Scheunenkranz, vom Gartengürtel und dem einstigen Wall und Graben, der Albig nachweislich bis 1740 umgab. Sie zeigt die Plätze, wo einst die drei Ortseingänge standen, die Obere Pforte, die Untere Pforte und die Alzeyer Pforte. Wenn es passt, dürfen ihre Gäste auch an Kräutern und Pflanzen riechen und sie anfassen, denn die gelernte Floristin freut sich, auf Pflanzen hinzuweisen, die rechts und links des Weges

Oben die weltliche Verwaltung, unten die Kirche: das Kirchenrathaus

wachsen, etwa das Schöllkraut oder das Zimbelkraut. „Oft entstehen dabei ganz spannende Gespräche“, freut sie sich. Auf dem Weg durch die engen Gassen bestaunen die Besucher in der Langgasse 95 das älteste Fachwerkhaus des Ortes aus dem Jahr 1695 und die Liebfrauenkirche mit dem imposanten romanischen Westturm aus dem Jahr 1080, dessen Glocken 300 Jahre jünger sind. Die Kirche fiel 1705 während der pfälzischen Kirchenteilung an die Reformierten, heute ist sie evangelisch. Ein Vorgängerbau ist für 962 belegt. Der Weg führt auch zum barocken Albiger Kirchenrathaus von 1766, in der Langgasse 58, in dem sich heute noch Kirche und Staat im gleichen Gebäude vereinen und doch getrennt arbeiten. „Zum Ratssaal und Bürgermeisteramt geht es hier am Hintereingang die Treppe hoch ins Obergeschoss, der Kirchenraum ist ebenerdig“, erklärt die Gästeführerin. Zum Abschluss bietet sie ein besonderes Schmankerl, „eine rheinhessische Kuhkapelle im Originalzustand“. Der ehemalige Kuhstall in der Hintergasse mit dem imposanten Kreuzgratgewölbe befindet sich in Privatbesitz und wartet im Moment noch auf seine Restaurierung, ist aber auch so schon sehr beeindruckend.

Führung: Sabine Holzlehner, KWB, Tel. 06731/7794
Text: Heike Sobotta

Der Spaziergang in Kürze

Start:
Bahnhof, Bahnhofstraße
hier auch Parkmöglichkeiten

Länge:
2 km

Dauer:
1,5-2 Std.

Anfahrt:
Auto:
A63, A61, Abfahrt Biebelnheim, B 271 nach Albig
ÖPNV:
Bahnhof Albig liegt an der Bahnstrecke Mainz-Alzey, Bingen-Worms

Und außerdem:

- **Kräuterwanderung zu Hammerstein und Sumborn**
- **Privates Weinmuseum im Weingut Häußer**
  Langgasse 9
  55234 Albig
  Tel. 06731/7990
  Öffnungszeiten:
  nach telefonischer Anmeldung
- **Nordic-Walking-Touren**
  2,5 km und 2,7 km lang mit Infotafeln zum Weinbau, zur Villa rustica, zu Flora, Fauna und Geologie; Start: Riegelstraße

In der Umgebung:

- **Rheinhessischer Jakobspilgerweg,** Stempel in Albig zu erhalten
- **Kneipp-Napoleon-Wanderweg**
- **Radtour „Hiwwelroute" Alzey-Worms und Wöllstein-Mainz-Bingen**

Einkehrtipp:

- **Weinstube Mann**
  Goldbachstraße 25
  55234 Albig
  www.restaurant-weinstube-mann.de, Tel. 06731/5471002
  Öffnungszeiten:
  Mo, Di, Do – Sa ab 17.30,
  So + Fei 12 – 14, 17 – 22

Brunnen an der Weed

2. ALSHEIM
Hohlwege und Heidenturm

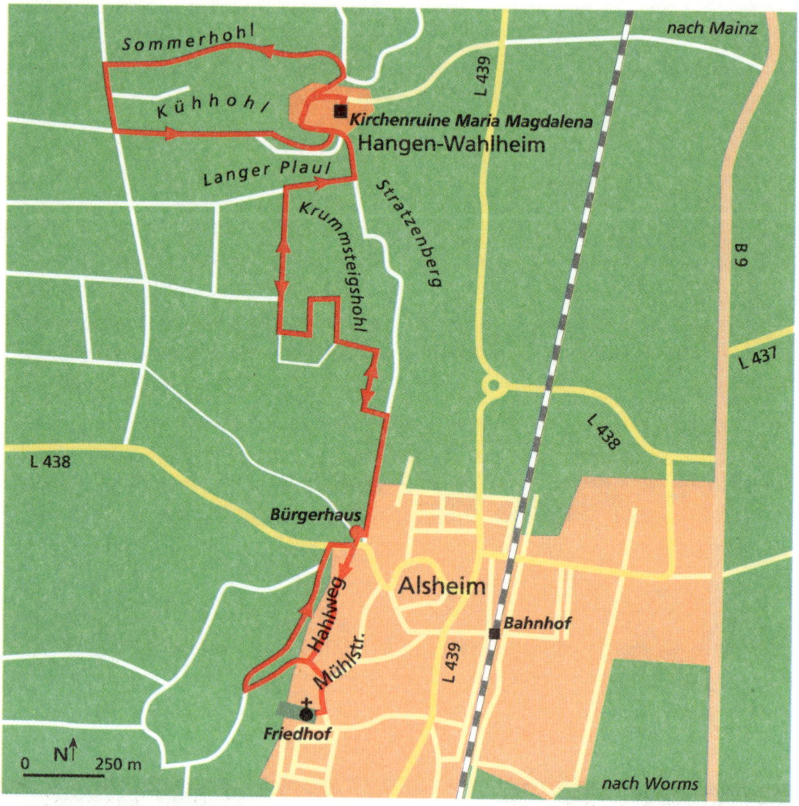

Eine kulturhistorische Landschaft mit Hohlwegen, Terrassen, „Rechen“ und die evangelische Kirche St. Bonifatius mit Heidenturm und altem Friedhof als Hauptanziehungspunkte.

Alsheim ist ein reicher Ort, reich an Wein, reich an Geschichte und reich an Sehenswürdigkeiten, sodass die Kultur- und Weinbotschafter zu Recht sagen: „Wir haben die Qual der Wahl, was wir unseren Besuchern zeigen.“ Es bleibt den Interessierten nur eines: wiederzukommen.

Zu den Besonderheiten gehören die Hohlwege, die es früher fast in der ganzen Region gab. Die meisten fielen in den Siebziger- und Achtzigerjahren der Flurbereinigung zum Opfer. Nicht so in Alsheim:

Zwei von vielen Alsheimer Hohlwegen

Hier sind 21 Hohlwege erhalten, die sich zu einem Wandernetz von rund 30 Kilometern verknüpfen lassen. Die sternförmig vom Ort wegführenden Wege gehören heute zu den kulturhistorischen Attraktionen der Gemeinde.

Die Hohlwege in Alsheim entstanden am Übergang der Rheinebene in das Rheinhessische Hügelland. Es waren ursprünglich Wirtschaftswege, die ins nächste Dorf, zum Acker oder zum Weinberg eines Landwirts führten. Sie gruben sich im Laufe von Jahrhunderten immer dort in den Boden, wo regelmäßig von Pferden oder Ochsen gezogene Gespanne über den weichen Lössboden fuhren und dabei Spuren hinterließen. Witterungseinflüsse, vor allem heftige Gewitterregen sorgten außerdem für das Fortschreiten der Erosion. Denn der Regen spülte den Kalkanteil aus dem Löss heraus und verwandelte diesen in eine Schlammmasse. Das hatte zur Folge, dass die Alsheimer immer wieder mit Schlammlawinen zu kämpfen hatten. Später wurden viele Wege befestigt. Werden sie allerdings nicht benutzt, dann werden sie von Büschen und Sträuchern zurückerobert. In Alsheim gründete sich deshalb eine Interessengemeinschaft, die das Wegesystem regelmäßig pflegt. Wegen ihrer Besonderheit wurden die Alsheimer Hohlwege in jüngster Zeit sogar zum Thema wissenschaftlicher Arbeiten.

Wer sich aufmacht, die teilweise unter Naturschutz stehenden Wege kennenzulernen, findet um Alsheim herum sechs gut ausgeschilderte

Routen durch das Wegegeflecht: ruhige, schattige Wanderwege, wilde Romantik und eine spannende Fauna und Flora. Nicht nur Fuchs, Kaninchen und Dachs hausen hier, auch Schmetterlinge, Wildbienen und Erdhummeln finden idealen Lebensraum. Man kann Pflanzen beobachten, die in der Roten Liste gefährdeter Pflanzenarten stehen. Dazu gehören etwa Steppenkirsche, Haarfedergras, der Deutsche Alant und der Elsässer Haarstrang. Seltene Insekten wie Gold- und Lehmwespe haben in den „Rechen", das sind die Steilhänge und Abbruchkanten in den Hohlwegen, ideale Nistbedingungen. Außerdem baut der Ameisenlöwe hier seine Fangtrichter – das finden Kinder besonders spannend. Ein geführter Rundgang lohnt sich sehr, denn die Kultur- und Weinbotschafterinnen kennen nicht nur die Plätze mit den Besonderheiten, sie verfügen auch über jede Menge Wissen zu Natur, Bodenbeschaffenheit und ihrem Heimatort überhaupt.
Treffpunkt einer Führung ist das Bürgerhaus von Alsheim, in der Mehlpfortstraße 12. Hier gibt es nicht nur Parkplätze, hier findet der Individualwanderer auch eine Übersichtstafel mit den Routenbezeichnungen. Zum Kennenlernen der Hohlwege bietet sich die rot markierte Strecke der „Route 1" an. „Auf dem Weg durch die Krummsteigshohl finden die Besucher Infotafeln zu den Hohlwegen", erklärt Annette Westphal.

Kirchenruine Maria Magdalena

Die Wanderung führt durch den Wahlheimer Weg in die Krummsteigshohl und weiter durch den Langen Plaul nach Hangen-Wahlheim, dem kleinen Ortsteil von Alsheim mit nicht einmal fünfzig Einwohnern. Hier endet der Weg Nummer 1. Die Gästeführer nehmen für den Rückweg entweder direkt den Philosophenweg oder gehen in einem Bogen durch die Gemarkung zurück. Wer mag, kann noch dem Rundweg 1+ durch Sommerhohl und Kühhohl folgen.
Auf alle Fälle sollte man der Kirchenruine Maria Magdalena im Örtchen noch einen Besuch abstatten. „Die Kirche wurde im

13. Jahrhundert erbaut, ihre erste schriftliche Erwähnung findet sich 1496“, erklärt Bärbel Ehrath-Weber und berichtet von Veranstaltungen, die hier regelmäßig stattfinden. Man nimmt an, dass die Kirche im Pfälzer Erbfolgekrieg zerstört wurde, belegt ist es nicht. Vor einigen Jahren gründete sich eine Interessengemeinschaft zum Erhalt der Kirchenruine. Bei einer Untersuchung vor der Bestandsrestaurierung fanden sich Originalfliesen der Kirche im Boden. Sie wurden abgetragen und sind heute im Museum von Gimbsheim zu sehen.
Wer darüber hinaus – allein oder mit einer Kultur- und Weinbotschafterin – Alsheim erkundet, darf sich auf herrschaftliche Häuser, ein barockes Fachwerk-Rathaus von 1739 in der Bachstraße, Königshöfe, ein ehemaliges Kelterhaus und mittelalterliche Kirchen freuen.
Vor allem die evangelische Kirche St. Bonifatius in der Mühlstraße ist sehenswert. Eine erste Erwähnung findet das Gotteshaus 831. Markant ist der Kirchturm. Er hat eine quadratische Grundform und zählt durch seine besondere Dachform zu den rheinhessischen Heiden- oder Sarazenentürmen, die nach dem ersten Kreuzzug im 11. Jahrhundert zum Gedenken und als Mahnung entstanden sind. Das Besondere an ihnen ist die Kuppelbekrönung nach dem Vorbild orientalischer Zentralbauten. Die Kirche ist von einer auffallend großen Friedhofsanlage umgeben. Hohe Bäumen spenden Schatten und machen den Platz mit den vielen historischen Grabsteinen, die sich den Hang hinaufziehen, zu einem verwunschen anmutenden Ort.

Die evangelische Kirche St. Bonifatius und ein Grabstein auf dem alten Friedhof

Die Grabsteine aus dem 19. Jahrhundert sind teilweise gut erhalten. Ornamente, Schmuckelemente und Inschriften lassen sich untersuchen und entziffern. Andere Steine sind schon stark verwittert. Einige Beerdigungen fanden nach 1830 noch mit Sondergenehmigung statt, die letzte 1971. Insgesamt sicherte ein europäisches Förderprojekt 2010 den Bestand dieses historischen Friedhofes.

Führung: Bärbel Ehrath-Weber, KWB, Tel. 06249/5186
Annette Westphal, KWB, Tel. 06249/945412 und Melitta Scheich, KWB
Text: Heike Sobotta

Der Spaziergang in Kürze

Start:
Am Bürgerhaus, Mehlpfortstraße 12, Parkmöglichkeiten
Länge:
5 km
Dauer:
2,5 Std.

Anfahrt:
Auto:
A63, Ausfahrt Biebelnheim, B9 oder L 438 Richtung Alsheim, Bürgerhaus
ÖPNV:
Züge im Halbstunden-Takt zwischen Mainz und Worms
Bus:
Alsheim, Haltestelle Rathaus

Und außerdem:

- **Geführter Dorfrundgang durch Alsheim**
  2,5 Std., Länge: 1,5 km, Start: katholische Kirche, Bachstr. 5
- **Nordic-Walking Touren**
  ausgeschildert, Start: Weißmühlbrunnen an der Weißmühle

In der Umgebung:

- **Gimbsheim:** siehe Seite 56ff
- **Bechtheim:** siehe Seite 17ff

Einkehrtipp:

- **Zum Alten Kelterhaus**
  Außerhalb 7
  67577 Alsheim
  Tel. 06249/670109
  www.zumaltenkelterhaus.de
  Öffnungszeiten:
  Mi – Sa ab 17, So ab 11
- **Gasthaus Zur Stadt Columbus**
  Bahnhofstraße 1
  67577 Alsheim
  Tel. 06249/4032
  www.gasthaus-zur-stadt-columbus.de
  Öffnungszeiten:
  Di–Fr ab 17.30
  Sa, So: 11.30 –14, ab 17.30
- **Radlerständchen am Rathaus**
  Öffnungszeiten:
  bei schönem Wetter in den Sommermonaten:
  Fr, Sa, So 11 – 21 Uhr

Romanische Basilika, Brunnenrundweg und eine Kirche nach dem Wiesbadener Programm

Die romanische Pilgerkirche, viele Brunnen, eine besondere evangelische Kirche, prächtige Weingüter und lauschige Ecken machen aus Bechtheim einen Ort mit reizvollen Kontrasten.

Pferde, Schweine und Kühe hatten früher jeweils eine eigene Tränke in Bechtheim, in dem Ort, der das Markenzeichen „Kleinod des Wonnegau“ trägt. Heute plätschert nur noch der Kuhbrunnen munter vor sich hin. Will man Wasser aus dem Weedbrunnen, an dem früher die Pferde gewaschen und getränkt wurden, ist pumpen mit Muskelkraft angesagt. Den Kuhbrunnen, der 1663 zum ersten Mal erwähnt wurde, verwandeln die Landfrauen seit einigen Jahren im Frühling mit rund 1200 Eiern in einen besonders eindrucksvollen Osterbrunnen. Die ehemaligen Tiertränken sind nicht die einzigen Brunnen, die Bechtheim, einst Heim des Franken „Bero“, zu bieten hat. Es gibt noch zwei ummauerte, begehbare rechteckige große Brunnenanlagen, wie sie heute in Rheinhessen kaum anderswo zu finden sind: den Aegidius- und den Lambertusbrunnen. In Pilgerzeiten sorgten diese mit sauberem Quellwasser gespeisten Anlagen für die Erfrischung und Sauberkeit der Wallfahrer, bevor diese sich auf den Weg in die Lambertus-Basilika machten. Bis weit ins 20.

Der österlich geschmückte Kuhbrunnen

Jahrhundert wuschen viele Bechtheimer Frauen zudem hier ihre Wäsche, holten sich die Anwohner ihr Trinkwasser und trafen sich hier am Feierabend auf ein Schwätzchen.
Bechtheim ist stolz auf seine Brunnen und richtete vor einigen Jahren deshalb eigens einen Brunnenrundgang ein. Beginnen kann man ihn zum Beispiel in der Aegidiusstraße. Er ist gut ausgeschildert und so fällt die Orientierung leicht.
„Für mich ist die Basilika in Bechtheim ein Highlight, aber Brunnenweg und evangelische Kirche sind auch absolut sehenswert", erklärt Kultur- und Weinbotschafterin Ilse Weinreich. Wer sich mit der engagierten Bechtheimerin auf den Rundweg begibt, erlebt nicht nur eine kenntnisreiche Führung, sondern hat auch das Privileg, das Innere der evangelischen Kirche sehen zu können, denn auch sie ist, wie viele evangelische Kirchen, sonst geschlossen. Und man entdeckt die reizvollen Ecken des Ortes, herrschaftliche Anwesen und schöne Innenhöfe.
„Ich beginne meine Führung immer bei uns im Weingut", erzählt Ilse Weinreich. Das bietet sich aus mehreren Gründen an: In der Riederbachstraße gibt es gute Parkmöglichkeiten und der Aegidiusbrunnen ist ganz in der Nähe. Die Besucher gehen aus dem Weingut kom-

mend nur wenige Meter nach links und biegen danach gleich rechts ab in die Aegidiusstraße. Nach wenigen Metern erreichen sie die im Mittelalter entstandene Brunnenanlage, die nach dem heiligen Aegidius, einem der beiden Schutzheiligen von Bechtheim, benannt wurde.

Lambertus, dem anderen Heiligen, verdankt die Gemeinde, dass sie heute oft in einem Zug mit Worms, Speyer und Mainz genannt wird, entstand die dreischiffige romanische Basilika doch zeitgleich und zum Teil durch die gleichen Steinmetze wie der Wormser Dom. Um zur Basilika zu gelangen, gehen die Besucher schräg gegenüber dem Aegidiusbrunnen rechts an einem schönen, alten Adelshof vorbei durch die schmale Gasse und kommen so auf eine Wiese. „Hier feiert Bechtheim sein Weinfest", berichtet die Winzerin.

Eine gemauerte Rampe am Ende der Wiese führt dann direkt zum Areal der Basilika, wo die Pracht des Langhauses beeindruckt. Äußerlich fallen die roten Sandsteinelemente ins Auge, die das Kirchengebäude klar gliedern. Aus luftiger Höhe grüßt zudem eine Jakobsmuschel vom Kirchturm herunter und gibt so Zeugnis von frühen Pilgerzeiten. Im Laufe der Jahrhunderte war lange Zeit die evangelisch-lutherische Gemeinde hier zu Hause und von 1710 bis zum Neubau der evangelischen Kirche 1910 diente sie als Simultankirche. Heute jedoch ist die Basilika eine katholische Pfarrkirche.

Sehenswert ist im Inneren auch der ehemalige Pilgergang, der über einen Abgang im Altarraum zu erreichen ist. Hier finden sich Reste von Wandmalereien und Ritzzeichnungen. „Früher war der Gang von beiden Seiten zu begehen und im Mittelalter schritten die Pilger unter den Segensstrahlen der im Chorraum aufbewahrten Reliquie hindurch, bevor sie in die Kirche gingen", erzählt Ilse Weinreich. „Heute bewahrt die Gemeinde die Reliquie des heiligen Lambertus in einem geschmiedeten Behältnis im Hauptaltar auf", ergänzt sie.

Inschrifttafel mit Pilgermuschel am Turm der Basilika

Das Gittertor, das heute kirchliches vom weltlichen Gebiet im Westen trennt, also die Kirche von dem Ensemble mit Gemein-

Romanische Basilika St. Lambertus

dehaus, Grundschule und Rathaus, stand früher an anderer Stelle und hatte eine andere Aufgabe: Es teilte in der Basilika den evangelischen vom katholischen Bereich.

Biegt man rechts vom Rathaus in die Kirchgasse, kommt man zum Lambertusbrunnen, der in seinen Ausmaßen noch etwas größer als der Aegidiusbrunnen ist und auch mehr Wasser führt. So viel, dass sich Goldfische darin wohlfühlen. Von dort führt der Rundgang durch die Lambertusstraße zum neu gestalteten Marktplatz. Ein von Stelen umkränzter Obelisk lohnt das Näherkommen. Auf jeder Stele befindet sich eine Texttafel, die Wissenswertes über Bechtheim berichtet. Vom Markt aus ist außerdem die Vorderseite der Schule zu sehen, ein schönes Gebäude, das früher als Rathaus genutzt wurde.

Der Rundgang führt durch die Wilhelmstraße am Weedbrunnen vorbei, der heute durch seine Ziehpumpe mit dem kleinen Auffangbecken mehr symbolischen Charakter hat. „Die Pumpe funktioniert“, beteuert die Gästeführerin. Allerdings muss man von oben einen Liter Wasser zugießen, damit das Saug-Druck-Prinzip arbeiten kann.

Weiter geht es ein Stück durch die Saulgasse, vorbei an der Zehntscheune und dann links in die Deichelgasse. Hier floss früher das Brunnenwasser des Saubrunnens in schmalen offenen Rinnsalen, den Deicheln, zur Wassergasse hinunter, die heute Martin-Luther-

Straße heißt. Individualbesuchern bleibt hier nur ein Blick durch das Tor hoch zur evangelischen Kirche. Mit Ilse Weinreich darf man jedoch auch den Kirchenraum besichtigen. Die Stufen führen an der ehemaligen Synagoge vorbei, die heute als Gemeindehaus dient. Denn die jüdische Bevölkerung verließ um 1885 Bechtheim: Einige wanderten nach Amerika aus, andere zogen nach Mainz oder Worms. Dabei war die jüdische Gemeinde gar nicht so klein, hatte sie doch bis dahin eine eigene Schule und ein Frauenbad. „Die Mikwe, also das rituelle Tauchbad, ist heute Teil eines Wohnzimmers", verrät Ilse Weinreich.

Trotz oder vielleicht gerade wegen der Mischung aus Neobarock und Jugendstil, gepaart mit einem dunklen Holzgestühl und einer im Innern umlaufenden Holzempore wirkt die evangelische Kirche geradezu anheimelnd. Kanzel, Altar und Orgel bilden in der Mittelachse des Innenraums eine gleichberechtigte Einheit, genau so, wie es das Wiesbadener Programm vorschreibt. Die bunten Glasfenster an beiden Längsseiten berichten unter anderem von Wundern und der Lebensgeschichte Jesu.

Nahe der Kirche warten die letzten Sehenswürdigkeiten des Rundgangs, der Kuhbrunnen in der Kuhpfortenstraße und der Fischmarkt mit dem historischen Kelterstein, der fast 4000 Kilogramm wiegt. Die früher hier verkauften Fische stammten allerdings nicht aus dem Rhein, sondern aus Teichen, die vor dem Ort angelegt worden waren.

Wiesbadener Programm

Darunter versteht man die von dem evangelischen Wiesbadener Pfarrer Emil Veesenmeyer Ende des 19. Jahrhunderts vorgeschlagenen Veränderungen im Kircheninnenraum: Wichtig im Wiesbadener Programm war die Einheit von Kanzel, Altar und Orgel in der Mittelachse. Durch die Zusammenarbeit mit Jugendstilkünstlern wurden vollkommen neue Stilelemente aufgenommen. In Rheinhessen wurden mehrere Kirchen nach dem Wiesbadener Programm gebaut, so zum Beispiel auch die Gustav-Adolf-Kirche in Ingelheim-Nord.

Führung: Ilse Weinreich, KWB, Tel. 06242/7675
Text: Heike Sobotta

Der Spaziergang in Kürze

Start:
Weingut Weinreich, Riederbachstraße 7
Länge:
ca. 1,5 km
Dauer:
2 Std.

Anfahrt:
Auto:
B9 oder A61, Abfahrt Gundersheim, dann Richtung Westhofen; ab dort ist Bechtheim ausgeschildert, L409, Parken in der Riederbachstraße oder am Markt
ÖPNV:
Buslinie Alzey-Worms

Und außerdem:

- **Schwefelquelle:**
  800 m außerhalb in der Verlängerung der Winzerstraße
- **Führung zu den schönsten Herrenhäusern und Gärten von Bechtheim**

In der Umgebung:

- **Nordic-Walking**
  In der Verbandsgemeinde Westhofen gibt es insgesamt acht Rundstrecken mit zusammen 80 km. Route 1 (5 km lang) und 2 (9,5 km lang) starten in Becht heim am Parkplatz der Sport- und Kulturhalle, Hesslocher Straße
- **Weinwanderweg**
  Gut ausgeschilderter Weg mit alten Arbeitsgerätschaften der Winzer, ca. 2 km; Start: Steig bei der Warte oder Reifenbergstraße.
- **Jakobs-Pilgerweg**
  Der Pilgerweg verläuft ca. 2 km westlich des Ortes in der Gemarkung

Einkehrtipp:

- **Weingut und Gästehaus Weinreich**
  Riederbachstraße 7
  67595 Bechtheim
  Tel. 06242/7675
  www.weinreich-wein.de
- **Gasthof Duerkes**
  Kuhpfortenstraße 16
  67595 Bechtheim
  Tel. 06242/915250
  Öffnungszeiten:
  So – Fr 10.30 – 14, ab 17
  Sa ab 10.30
  www.gasthof-duerkes.de
- **Weinhaus Lohmann**
  Steig bei der Warte 16
  67595 Bechtheim
  Tel. 06242/3231
- **Landgasthof Zur Marktschänke**
  Am Markt 18
  67595 Bechtheim
  Tel. 06242/1538

Weist nicht auf eine Gaststätte hin: Schmuckdetail am Haus Sieglinde

ECKELSHEIM 4.

Besondere Flora, die Beller Kirche, der Kulturhof und eine steinerne Brandungsküste

Namensgeber für Eckelsheim, die mit 540 Einwohnern kleinste Gemeinde der Verbandsgemeinde Wöllstein, ist deren Gründer Egilo, was so viel wie kleines Schwert oder Schwertlein bedeutet. 1293 wird der Ort zum ersten Mal urkundlich erwähnt, und zwar als „Ekkilsheimer" Güter des Kreuznacher Petersklosters. Wahrzeichen des kleinen Ortes ist die Ruine der Beller Kirche. Heute ist er bekannt als Wein- und Kräuterdorf und hat mit der Ausweisung des gut beschilderten „Strandpfads der Sinne", der bis zum berühmten 35 Millionen Jahre alten Eckelsheimer Meeresbrandungskliff führt, auch noch geologisch Außergewöhnliches zu bieten.

Dass Eckelsheim auch einen Namen als Kräuterdorf hat, ist nicht zuletzt das Verdienst der Kultur- und Weinbotschafterin Christina Mann, die sich intensiv mit Wildkräutern beschäftigt und Ende der Neunzigerjahre die Kräuterschule Herbula gründete. Bestes Anschauungsmaterial für ihre Kräuterliebe bietet auch der eigene idyllische Garten.

Treffpunkt ist deshalb auch das Weingut Mann in der Hauptstraße 7 bis 9 in Eckelsheim. Hier gibt es zunächst eine Einführung und vor allem viel Gelegenheit, Duft und Geschmack der Kräuter kennenzulernen. Dabei setzt Christina Mann den Besuchern keine botanischen Fachausdrücke vor, sie hat vielmehr die Alltagsrelevanz im Blick. „Ich erzähle lieber Geschichten oder berichte darüber, wie man die Pflanzen verwenden kann“, lautet ihre Devise. Mit ihr ist während der Frühlings- und Sommermonate erst einmal ein Schlendern von Pflanze zu Pflanze, von Kraut zu Kraut angesagt. Ihr Kräuterbeet darf man getrost als naturnah bezeichnen, denn akribische Ordnungen mit engen Abgrenzungen sind ihr Ding nicht: „Die Natur macht das schon“, lautet ihr Credo. Wer mag, darf pflücken, reiben, riechen und kosten. Und ist sicher überrascht, zu erfahren, was man mit dem vermeintlichen Unkraut Vogelmiere, Spitzwegerich oder Gänseblümchen alles anfangen kann. Christina Mann kann zu jedem Kraut etwas sagen, weiß, ob hier Blüte, Stängel oder Wurzel von Nutzen sind. „Der Löwenzahn im Frühling ist anders, als der im Sommer.“

Anschließend sind es nur wenige Schritte aus dem Hof hinaus in die Welt der Pflanzen. Sie verlässt die Gartenidylle durch den Hinterausgang des Anwesens, um in dem Feuchtgebiet am Dunzelbach intensiv nach Wildkräutern wie Mädesüß, Beinwell oder Große Klette zu schauen.

Dabei wandert man langsam zur Ruine der spätgotischen Beller Kirche hoch, die 300 Meter südlich des Ortes auf freiem Felde liegt. Das

Die Beller Kirche

Die Bockriemenzunge, eine seltene Wildorchidee

Gelände wird immer trockener, die Flora ändert sich und Pflanzen, die es warm und trocken mögen, wie der Feldbeifuß, Wiesensalbei, wilder Thymian tauchen ebenso auf wie seltene Orchideen wie die Bockriemenzunge.
„Vor gut fünfzehn Jahren wurde die Kirche aus ihrem Dornröschenschlaf geweckt“, berichtet die Gästeführerin. Die sakralen Mauern wurden aufwendig restauriert und die Örtlichkeit wird seither gut gepflegt. Außerdem finden hier inzwischen zahlreiche Open-Air-Veranstaltungen statt. Bis zum Beginn des 20. Jahrhunderts wurde hier

der berühmte „Beller Markt“ abgehalten, ein Jahrmarkt von überregionaler Bedeutung, der dem Ort die Bezeichnung Marktflecken einbrachte. „Leider weiß man über die Beller Kirche sonst sehr wenig. Der Name stammt vielleicht von den Pappeln (= Bellen), die noch vor hundert Jahren bei der Ruine standen“, erklärt Christina Mann. Für ihre Gäste hat sie zwei Rundgänge ausgearbeitet, eine kürzere Wildkräuter-Wein-Wanderung (Länge: ca. 2 km) und eine längere Tour (ca. 4 km, siehe Plan, S. 26).
Wer mit Christina Mann auf Kräuterpfaden wandert, sollte gleich mindestens zwei Stunden einplanen und sich im Vorfeld überlegen, ob er den Abend nicht anschließend mit einem vorbestellten Kräuter-Essen im Eckelsheimer Kulturhof (siehe unten) ausklingen lässt. Das bietet sich an, kann er dabei doch weitere spannende Geschmackserfahrungen in puncto Kräuter sammeln. Und mit dem Kulturhof ein weiteres Eckelsheimer Schmuckstück kennenlernen.

Führung: Christina Mann, KWB, 06703/1294,
www.kraeuterhexe-eckelsheim.de
Text: Heike Sobotta

Der Spaziergang in Kürze

Start:
Weingut & Kräuterhof Mann, Hauptstraße 7-9
Länge:
2,5 km
Dauer:
2 – 2,5 Std.

Anfahrt:
Auto:
A61, Abfahrt Gau-Bickelheim, oder A63, Abfahrt Erbes-Büdesheim, Wendelsheim,Eckelsheim

Kulturhof
Das Objekt, ein altes Bauernhaus mit Scheune, wurde im April 2001 von damals 17 Gesellschaftern gekauft. Im Juni 2002 wurde die Gesellschaft Eckelsheimer Kulturhof GbR mbH gegründet und im September 2003 nach langer Umbauphase das Weingasthaus im Eckelsheimer Kulturhof eröffnet. Für den vorbildlichen Erhalt alter Bausubstanz gab es Zuschüsse von Land und Kreis und einen 1. Preis vom Land Rheinland-Pfalz. Die Gesellschaft besteht jetzt aus 30 Gesellschaftern, einem Beirat und zwei Geschäftsführern. Inzwischen wird der Kulturhof sowohl wegen seines gastronomischen wie auch kulturellen Angebots sehr geschätzt.

Und außerdem

- **Eckelsheimer „Strandpfad der Sinne"** mit 10 Infotafeln zu Geologie und Natur; Länge: 1,6 km, Start: 100 m links von der Beller Kirche

In der Umgebung

- **Wonsheim:** siehe Seite 129ff
- **Neu-Bamberg:** siehe Seite 73ff

Auf dem Strandpfad der Sinne

Einkehrtipp

- **Kulturhof Eckelsheim**
  Kirchstr. 5
  Öffnungszeiten:
  Mi – Sa: 18 – 24,
  So + Fei: 11.30 – 14, 18 – 24
  Mi, Do, Fr: 12 – 13.30
  Tel. 06703/301458
  www.kulturhof-eckelsheim.de

Kulturhof

5. ENSHEIM

Pilgerschleife, Fachwerkhäuser und eine alte Bibel

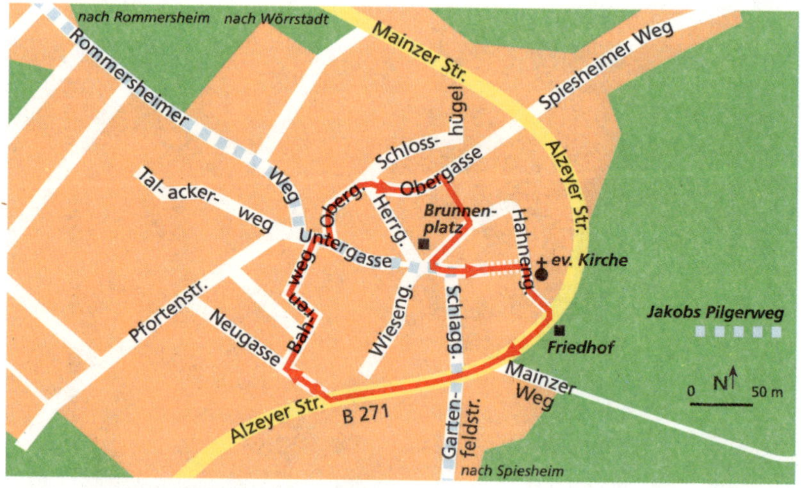

Ein kleiner Ort an einer Schleife des Jakobs-Pilgerwegs in der Rheinhessischen Schweiz mit pittoresken Winkeln und einem Bücherschatz in der evangelischen Kirche.

Der Pilgerwanderer findet Ensheim, wenn er sich entschließt, nicht einfach der Hauptstrecke des Jakobsweges nach Bingen zu folgen, sondern die erste Schleife von Spiesheim über Ensheim, Wörrstadt und Rommersheim nach Sulzheim zu nehmen. Ihm liegt der Ort mit 445 Einwohnern bei der Ankunft zu Füßen.
Den Autofahrern und Radlern bietet sich eine andere Ansicht. Sie nähern sich aus Richtung Alzey durch eine Alleenstraße kommend und sehen den kleinsten Ort der Verbandsgemeinde Wörrstadt an einen Südhang geschmiegt. Gleich am Ortseingang steht in der Neugasse ein Bushäuschen. „Am besten parkt man da und geht zu Fuß in den Ort hinein", rät Kultur- und Weinbotschafterin Ilka Fluhr. Denn während des Rundgangs sind zwar etliche Höhenmeter zu überwinden, aber alles in allem kommt man nur durch wenige Gassen. So findet der Gast schnell die schönen Fachwerkhäuser mit den besonderen Schmuckformen von Andreaskreuz und Wildem Mann. Er findet auch die evangelische Kirche, die aber geschlossen ist. Trotzdem sollte man sich mit der Kultur- und Weinbotschafterin zusammen

auf einen Rundgang begeben. Als Zeitzeugin lässt sie nicht nur die Veränderungen der letzten Jahrzehnte in der Landwirtschaft vom Fuhrwerk mit Pferd zum heutigen Traktor lebendig werden, sie erzählt auch von der Zuckerrübenernte, den Treffpunkten der Dorfbewohner, den Festen und dem Bahrenweg, also dem Weg, den die Toten in Ensheim früher nahmen.

Auffahrt zum Schlosshügel

Wie meistens in Rheinhessen siedelten auch hier schon Kelten und Römer. Der Franke „Enno“ gab der kleinen Gemeinde um 500 n. Chr. dann den Namen. Die erste urkundliche Erwähnung stammt aus dem Jahr 769, als Almahar dem Kloster Lorsch einen Weinberg schenkte. Später lebte Ensheim unter kurpfälzischer Führung. „Zwischen 760 und 1700 hatte Ensheim zwanzig verschiedene Namen“, weiß die Gästeführerin zu berichten. Mit ihr treffen sich die Besucher an der Bushaltestelle in der Neugasse und laufen dann wenige Meter weiter bis zum Bahrenweg. Hier hören sie den Bericht vom ehemaligen Hofgut Crahencruzen oder Kronkreuz, das wahrscheinlich im Dreißigjährigen Krieg zerstört wurde und mit dem Dorf durch einen geheimen Gang verbunden gewesen sein soll. Der Besucher wandert den Bahrenweg hoch zu einem kleinen Platz, der dem Bürgermeister der französischen Partnergemeinde Dommartemont, Henri

Dufourg, gewidmet ist. Hier finden Pilger auch Stempelkissen und Stempel für ihren Pilgerpass. Weiter geht es durch die Obergasse, vorbei am Schlosshügel. „Ein Schloss hat es hier jedoch nie gegeben", erfahren die Gäste. Vielmehr kommt man jetzt, immer noch in der Obergasse, an mehreren auffallend schönen Fachwerkhäusern vorbei, die alle Anfang des 18. Jahrhunderts entstanden sind.

Weiter geht es am Brunnenplatz, am Feuerwehrhaus und dem Pfarrhaus vorbei, in dem bis 1999 der Pfarrer lebte. Es wurde mehrfach umgebaut und verändert. Sicher ist, dass in diesem Haus im August 1870 der spätere Reichspräsident Paul von Hindenburg als Leutnant logierte, als er mit einem preußischen Bataillon unterwegs war. Ihm zu Ehren hieß der Brunnenplatz lange Hindenburgplatz. Früher war hier ein Teich, der als Viehtränke und Löschteich diente. Heute wartet ein lauschiger Platz mit einem kleinen Brunnen und einer riesigen Trauerweide auf Besucher. Und immer am vorletzten Samstag im Juli feiert Ensheim hier sein Brunnenfest.

Der Rundgang führt nun abwärts, so wie früher das Wasser vom Löschteich floss, durch die Gasse Am Brunnen. An ihrem Ende lädt der Platz an der Eiche, der frühere Mittelpunkt von Ensheim, zu einer kleinen Rast ein. Noch heute steht ein mächtiger Eichenbaum hier. „Hier sammelte sich das Wasser früher noch einmal zu einem Gänseweiher, bevor es in den Dorfgraben floss", erklärt Ilka Fluhr. Heute geschieht dies unterirdisch.

Fachwerkhaus in der Obergasse mit den Fachwerkkonstruktionen „Andreaskreuz" und „wilder Mann"

Das Ende der Führung gehört der Geschichte der evangelischen Kirche, die nahe dem Platz an der Eiche und neben dem Dorfgemeinschaftshaus steht. Früher stand die Kapelle, die 1224 erstmals erwähnt wurde, außerhalb von Ensheim bzw. am Dorfrand. Die eigentliche Pfarrkirche stand beim Hofgut Crahencruze. Die heutige Form stammt von 1722/23. Darüber hinaus vermutet man einen allerersten Sakralbau auf dem Hofgut Kronkreuz. Später trug sie das Los vieler Kirchen in Rheinhessen: Die kurpfälzische Kirchenteilung sprach den

reformierten Evangelischen die Kapelle mit einem eigenen Pfarrer zu, während die Lutherischen nach Alzey und die Katholischen nach Spiesheim kamen. Im Laufe der nächsten Jahrzehnte änderte sich das mehrfach.
Aufgrund des geologischen Untergrunds von Ensheim bildeten sich in den Kirchenmauern immer wieder Risse. Beängstigende Ausmaße nahm das 1999 am Ostersonntag an, da fiel ein Stück Mauer von der Decke oberhalb der Stummorgel ab. Natürlich wurde die Kirche sofort renoviert und dabei fand man unter der Treppe eine 300 Jahre alte Bibel, heute ein besonderer Kirchenschatz.
Direkt neben der Kirche steht das ehemalige Schulhaus. Es wurde 1981 zum Dorfgemeinschaftshaus umgebaut und 2002 erweitert. Der Eingang ist mit dem Wappen von Ensheim geschmückt, das nicht nur den Mainzer Bischofsstab zeigt, sondern auch Hacke und Sesel (ein Rebmesser), die beide auf Landwirtschaft und Weinbau in der Gemeinde verweisen.

Führung: Ilka Fluhr, KWB, Tel. 06732/8051
Text: Heike Sobotta

Der Spaziergang in Kürze

Start:
Bushaltestelle Neugasse, mit Parkmöglichkeiten
Länge:
1 km
Dauer:
1,5 Std.

Anfahrt:
Auto:
A61, Ausfahrt Bornheim, A63, Ausfahrt Biebelnheim
ÖPNV:
ORN Alzey-Saulheim Linie 441

Und außerdem:
- **Jakobspilgerweg durch Rheinhessen**

In der Umgebung
- **Albig:** siehe Seite 7ff
- **Rommersheim:** siehe Seite 90ff
- **Undenheim:** siehe Seite 111ff

Einkehrtipp:
- **Weingut Rosenhof „s'Trauwemielsche"**
  Herrgasse 9
  55232 Ensheim
  Tel. 06732/78 95
- **Zum Zeppelin**
  Restaurant, Gaststätte
  Gartenfeldstraße 17
  55232 Ensheim
  Tel. 06732/8185

6. **ERBES-BÜDESHEIM**

Ein Unteramt, zwei Burgen und drei untergangene Wüstungen

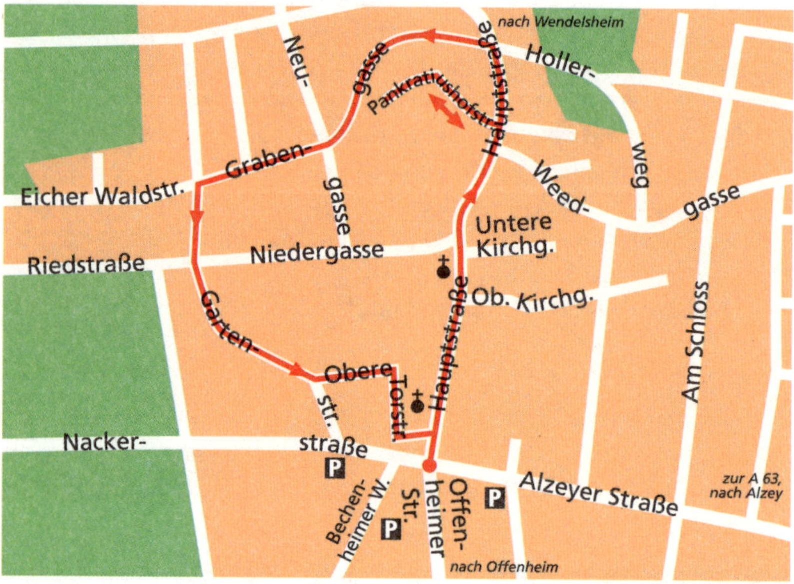

Dies alles bietet die Geschichte von Erbes-Büdesheim, einem Ort im Landkreis Alzey-Worms, der heute rund 1400 Einwohner zählt und mitten in der malerischen Landschaft der Rheinhessischen Schweiz liegt.

767 erwähnt das Kloster Lorsch in einem Kaufdokument zum ersten Mal einen „Egilolf aus Botinsheim". Der Name wandelte sich über Botinesheim und Butinsheim, bis im 14. Jahrhundert der Zusatz „Erbes" auftaucht. Später gab es noch die Variante Erbsbüdesheim, im 17. Jahrhundert aber entstand der heutige Name: Erbes-Büdesheim.
Bis in die Fünfzigerjahre des vergangenen Jahrhunderts konnte man nur über zwei Eingänge in den Ort hinein, im Norden durch die Oberpforte und im Süden durch die Unterpforte. Das steigende Verkehrsaufkommen erzwang Veränderungen, aber noch heute münden etliche Wege in eine Sackgasse und verleihen dem Ort in der landschaftlich idyllischen Rheinhessischen Schweiz eine behagliche und beschauliche Atmosphäre.
Der Besucher, der allein durch den Ort bummelt, findet schnell eine der beiden Burgen, zum Beispiel das Weiße Schloss oder, wie die Einheimi-

Das Schloss, die ehemalige weiße Burg.

schen sagen, das „Birremser Schloss“ im Süden des Dorfes. Es wurde Anfang des 14. Jahrhunderts erbaut und hatte im Laufe der Jahrhunderte 32 verschiedene Besitzer. Heute unterhält der bekannte Kirchenrestaurator Vitus Wurmdobler hier seine Werkstatt. Inzwischen ist das weiße Schloss auch nicht mehr weiß, sondern hat einen terracottafarbenen Anstrich. Die Überreste der anderen Burg, des Blauen Schlosses, zwei Turmfragmente, findet der Gast während eines Rundganges zusammen mit dem hier gebürtigen Kultur- und Weinbotschafter, Thomas Huckle, am Ende der Pankratiusstraße und in der Grabengasse.
Treffpunkt ist an der Kreuzung Alzeyer und Nacker Straße, denn hier finden sich auch genügend Parkplätze. Der Rundgang führt durch die Hauptstraße, vorbei an der evangelischen Kirche (1733-35, im 19. Jahrhundert verändert) und einem barocker Saalbau mit einer Gruft, in der die ehemalige Besitzerin des Weißen Schlosses, Susanna von La Roche, ruht.
In der Hauptstraße 24 liegt die katholische Kirche St. Bartholomäus mit Zwiebelturm, ebenfalls ein barocker Saalbau, 1736-45 erbaut vom kurpfälzischen Baumeister Kasper Valerius. Das Relief von 1654 an der ehemaligen Dorfschmiede in der Hauptstraße 44 zeigt das Beschlagen eines Pferdes (s. S. 36).
Weiter geht's durch die Obere Kirchgasse zur Unteren Kirchgasse und zum Weedeplatz. Der Gästeführer zeigt den neu gestalteten Weedeplatz, den heute ein besonderer Brunnen ziert, der Erzeug-

Die Hauptstraße mit dem Unteramt (vorn, links), dem Turm der evangelischen Kirche und der katholischen Kirche

nisse zeigt, für die Erbes-Büdesheim bekannt ist, wie Kartoffeln, Schweine, Gänse. Früher war hier der Löschteich, der auch als Pferdetränke diente. Dann geht es zum Spitzenberg und von dort aus zur Pankratiushofstraße, wo sich am Anwesen der Künstlerfamilie Solga die Reste der Blauen Burg ausmachen lassen. Über das Untertor, heute noch die Pfort genannt, geht der Weg in die Gartenstraße bis zur Oberen Torstraße und endet am ehemaligen Unteramt in der Hauptstraße 6. Dort wurden von 1382 bis zur Besetzung durch die Franzosen 1792 die Orte Nack, Bechenheim, Mörsfeld, Kriegsfeld, Schiersfeld, Rupertsecken und Standenbühl verwaltet.

Der Gästeführer zeigt während der Erkundungstour durch den Ort nicht nur die Sehenswürdigkeiten, er berichtet auch über früheste Besiedlung in der Steinzeit und ergänzt seinen Bericht mit der einen oder anderen Anekdote, etwa wie der Schinderhannes zusammen mit vier Räubern etliches Silber aus dem Dorf raubte.

Doch was hat es mit den Wüstungen auf sich? „Das waren Rodungen im Umkreis des Hauptortes. Sie hießen Aulheim, Eiche, Ried und Nack“, meint der Gästeführer. In diese Rodungen bauten sich Bauernsöhne Haus und Scheune und beackerten die Rodung. „Heute würde man Aussiedlerhof dazu sagen.“ Die Nebenhöfe entstanden spätestens im 11. Jahrhundert. „Nack wurde später selbstständig und in Aulheim haben die Aulheimer Mühlen die Wirren des Dreißigjährigen Krieges überlebt, während Eiche und Riede verlassen wurden“, weiß Thomas Huckle. Gab

Pforte der evangelischen Kirche

es auch einen Schutzwall? Ja, der bestand aus dem Dorfgraben und dem undurchdringlichen Gebück aus ineinanderverflochtenen Ästen und Rüsterbäumen.

Führung: Thomas Huckle, KWB, 06734/10 74
Text: Heike Sobotta

Der Spaziergang in Kürze

Start:
Kreuzung Alzeyer und Nacker Straße
Länge:
2 km
Dauer:
ca. 1 Std.

Anfahrt:
Auto:
A63 Abfahrt Erbes-Büdesheim
ÖPNV:
Bus ab Alzey

Und außerdem:
- **Rheinhessisches Postmuseum im Rathaus**
  Hauptstraße
  55234 Erbes-Büdesheim
  www.postmuseum-rheinhessen.de, Tel. 06731/43 83 9
  Öffnungszeiten:
  nach Vereinbarung
- **alte Steinkreuze an der Offenheimer und der Nacker Straße**
- **Eicherwald und Quecksilberbergwerk**

In der Umgebung:
- **Nordic Walking Park:**
  Mühlentour, Route 9
  Länge: 10,3 km
  Schwierigkeit: schwer
  Dauer: 2 Stunden
- **Albig:** siehe Seite 7ff
- **Wonsheim:** siehe Seite 129ff

Einkehrtipps:
- **el-loco-Bar**
  Bistro - Weinstube
  Tel. 06731/1711
- **Aulheimer Mühle** (außerhalb)
  Tel. 06734/147
- **Gaststätte Müller im Riedertal** (außerhalb), Tel. 06734/1772

Das Relief an der alten Dorfschmiede zeigt das Beschlagen eines Pferdes.

ESSENHEIM 7.

Weingüter, ein Kunstverein und ein Sternekoch

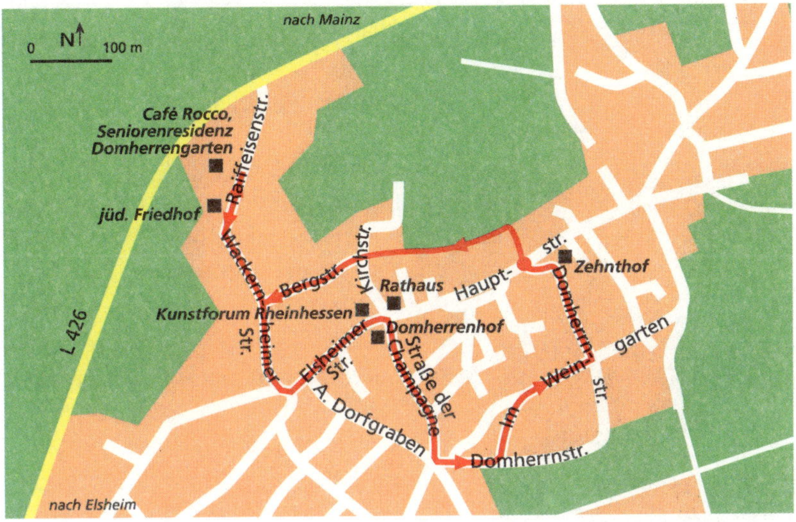

Ein Weinort nahe Mainz mit jüdischen Spuren, rührigem Kunstverein, einem Sternekoch und der früher der Wohnsitz der Mainzer Domherren war.

Essenheim, ein beliebter Wohnort vor den Toren von Mainz mit rund 3200 Einwohnern, blickt wie so viele Orte in Rheinhessen auf fränkische Wurzeln zurück. In der ersten Urkunde aus dem Jahr 1023 erscheint der Ort unter dem Namen „Hesinesheim“. Im Laufe der Jahre wurde daraus Heisinesheim, Isenheim, Yesenheim, Isensheim, Eisenheim, Eysenheim und schließlich Essenheim. Als eine mögliche Erklärung für das Entstehen des Ortsnamens Essenheim hält Kultur- und Weinbotschafterin Nina Wagner folgenden Spruch bereit: „Ich gehe jetzt zum Essen heim.“ Denn so verabschiedeten sich früher die Menschen zur Mittagszeit oder am späten Nachmittag wohl oft voneinander, nachdem sie im Nutzgarten oder im Wingert zusammen gearbeitet hatten.
Das Kloster Trier besaß zur Zeit der ersten Nennung zwar schon einige Güter in Essenheim, aber bis der Ort Mitte des 15. Jahrhunderts offiziell als Lehen vom Mainzer Erzbischof Dietrich galt und so an den Herzog von Zweibrücken ging, tummelten sich hier die von

Bolanden, später die Sponheimer Grafen und die Familie Veldenz. Ab 1733 gehörte Essenheim zur Kurpfalz und zum Oberamt Oppenheim, bis es 1816 rheinhessisch wurde.
Nicht nur Weinliebhaber – schließlich gibt es hier insgesamt 18 Weingüter! –, sondern immer öfter auch Kunstinteressierte finden besonders seit 2003 den Weg nach Essenheim, laden doch die wechselnden Ausstellungen des Essenheimer Kunstvereins mit zeitgenössischer Kunst im Kunstforum zum Schauen und zum Dialog mit regionalen und überregionalen Künstlern ein.

Die evangelische Kirche

Dabei bietet sich ein Spaziergang durch den Ort an. Wer gerne etwas über das mittelalterliche Essenheim und den historischen Ortskern, die Bewohner früher und heute sowie den ehemaligen Dorfgraben wissen möchte, sollte sich mit Nina Wagner verabreden. Während eines Spaziergangs zu den markanten Punkten des Ortes weckt sie nicht nur die Historie, sondern erzählt auch sich darum rankende Geschichten.
Ihre Führung beginnt direkt in der Hauptstraße, im Weingut der Familie. Einige Parkplätze sind hier in der Nähe zu finden, weitere gibt es ansonsten wenige Hundert Meter entfernt in der Mainzer Straße, die dann in die Hauptstraße übergeht.
Die Tour mit Nina Wagner führt erst einmal durch Scheune und Garten des eigenen Anwesens zum Hinterausgang. So gelangt man dorthin, wo sich früher der alte Dorfgraben entlangzog, nämlich hinter den Scheunengürtel. Wie alle fränkischen Siedlungen in der Gegend war auch Essenheim durch ein undurchdringliches Gebück und einen Effenkranz geschützt. Heute verläuft hier zwischen Nutzgärten ein Weg und gibt den Blick auf den historischen Scheunengürtel frei.
An seinem Ende mündet dieser Trampelpfad in die Bergstraße. Von dort geht es ein kurzes Stück durch die Raiffeisenstraße aufwärts bis zum jüdischen Friedhof. Er erinnert daran, dass im Laufe des 19. Jahrhunderts eine größere jüdische Gemeinde in Essenheim entstan-

den war. Für das Jahr 1871 belegen Dokumente 126 Mitglieder. Bis 1934 wurden auf diesem Friedhof jüdische Bürger bestattet. Danach kümmerte sich lange Jahre niemand um diese Ruhestätten. Erst in den Fünfzigerjahren richtete die Gemeinde den Friedhof wieder her. „Er wird heute immer noch besucht", weiß Nina Wagner und zeigt auf einzelne kleine Steine auf den Grabsteinen. Wer diesen Friedhof mit den vielen Grabsteinen ohne Führerin besichtigen möchte, kann sich den Schlüssel in der Gemeindeverwaltung ausleihen, da die Friedhofstür normalerweise verschlossen ist.

Jüdischer Friedhof am oberen Ortsrand

Dem jüdischen Friedhof gegenüber befindet sich die neu erbaute Seniorenresidenz. „Hier gibt es ein nettes Café, in das auch Außenstehende einkehren können", erzählt Nina Wagner. Ihr Rundgang führt nun die Raiffeisenstraße hinunter, weiter die Wackernheimer Straße abwärts bis zur Mündung der Elsheimer Straße und von dort nach links bis zum Rathaus in der Hauptstraße 2. Hier ist der Mittelpunkt von Essenheim, der „Dalles", wie der Dorfplatz auf rheinhessisch genannt wird, mit Rathaus, Kunstforum, Domherrenhof und einem Parkplatz. Das schmucke Rathaus wurde früher als Schulhaus mit Lehrerwohnung und Spritzenhaus multifunktional genutzt. In den Achtzigerjahren wurde es gründlich saniert. Seither ist hier ein römischer Sarkophag unter Glas zu bewundern. Landwirte entdeckten das steinerne Grab aus dem 4. oder 5. Jahrhundert mit dem Skelett einer etwa fünfzig- bis sechzigjährigen Frau, als sie 1980 ein neues Spargelfeld anlegten.

Dem Rathaus gegenüber steht ein stattlicher Fachwerkbau, der Domherrenhof, heute das Reich von Sternekoch Dirk Maus. Der Dalles gibt auch den Blick auf das Kunstforum frei. „Seit drei Jahren öffnet hier freitags das Dallescafé, ein beliebter Treffpunkt für Jung und Alt“, verrät Nina Wagner einen Geheimtipp.
Vom Dalles aus führt der Spaziergang mit ihr ein Stück die Straße der Champagne, dann die Nieder-Olmer Straße entlang, bevor es links in die Domherrnstraße geht. Wiederum links biegt die Straße Im Weingarten ab, die im freien Feld mit herrlichem Ausblick auf Reben und

Vom Schulhaus zum Sitz des Bürgermeisters: das Rathaus prägt den Ortsmittelpunkt

Landschaft endet, schließlich liegt Essenheim 210 Meter hoch. Nach dem Rundblick geht es zurück und nach rechts in die Domherrenstraße, vorbei am ehemaligen Zehnthof. Hier lagerten die Mainzer Domherren ab 1736 ihre Güter, bis das Anwesen 1802 von den Franzosen zum Nationalgut erklärt wurde und in Privateigentum überging. Auch heute ist das zweistöckige Gebäude mit seiner langen geschlossenen Front zur Straßenseite hin noch beeindruckend in seinem Gesamtbild, allerdings nagt der Zahn der Zeit unübersehbar. Die Domherrenstraße mündet in die Hauptstraße und der Rundgang kehrt damit zum Ausgangspunkt, dem Weingut Wagner, zurück.

Führung: Nina Wagner, KWB, Tel. 06136/87438
Text: Heike Sobotta

Der Spaziergang in Kürze

Start:
Weingut Wagner, Hauptstraße 30
Länge: 1,5 km
Dauer: ca. 1 Std.

Anfahrt:
Auto:
L 426
ÖPNV:
ORN 71, Regiolinie 650

Und außerdem:

- **Ausstellungen des Essenheimer Kunstvereins**

In der Umgebung

- **Schwabenheim:** siehe Seite 98ff
- **Zornheim:** siehe Seite 134ff

Einkehrtipp:

- **Neubrunne Stübel**
  Neubrunnenstraße 4
  55270 Essenheim
  Tel. 06136/4079782
  Öffnungszeiten:
  Do – Sa ab 18 Uhr
- **Gutsausschank Blodt**
  Elsheimer Weg 1
  55270 Essenheim
  Tel. 06136/89199
  Öffnungszeiten:
  Juli – Sept.: Do, Fr ab 17,
  Sa, So, Fei ab 16
  www.weingut-blodt.de
- **Weingut Wagner**
  Hauptstraße 30,
  55270 Essenheim
  Tel. 06136/87438
  Öffnungszeiten:
  Mai – Juli, September:
  Fr, Sa ab 17, So + Fei ab 16
  www.wagner-wein.de

Essenheimer Kunstverein

Am 26.01.1988 gründeten 16 Kunstinteressierte in Essenheim einen Kunstverein: Essenheimer Kunstverein – Kunstforum Rheinhessen e.V. Haupt-Ausstellungsraum war lange der Sitzungssaal des Essenheimer Rathauses, der für nicht zu große Präsentationen gut geeignet ist. Die Ausstellungen hatten wegen ihrer kurzen Dauer (ein Wochenende) beinahe „Inszenierungscharakter“, jedenfalls waren sie Ereignisse mit großer Resonanz. Heute finden die Ausstellungen zum großen Teil im „Kunstforum Essenheim“ statt, das im Juli 2003 eingeweiht wurde.

8. FLÖRSHEIM-DALSHEIM

Die einzigartige Fleckenmauer

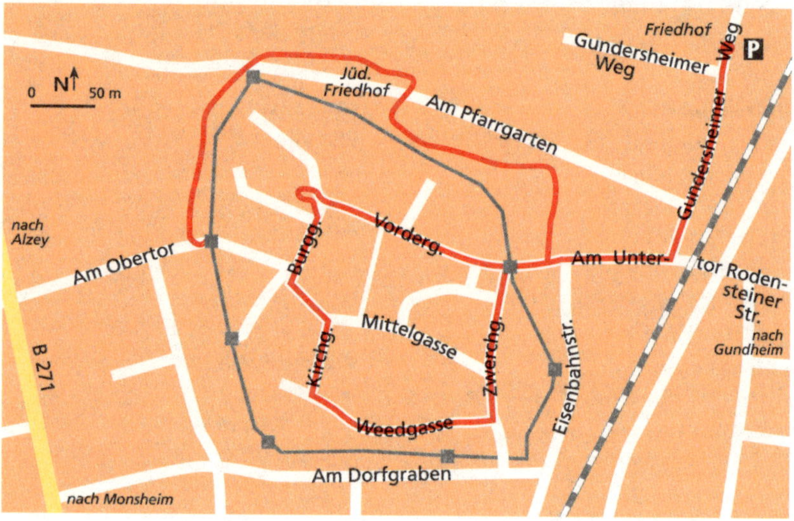

Spaziergang um die einzige komplett erhaltene mittelalterliche Schutzmauer in Rheinhessen.

Was verbirgt sich hinter einer Fleckenmauer? Eine Mauer mit Flecken, weil die Feldsteine, aus denen sie erbaut wurde, unterschiedliche Schattierungen aufweisen? Nein, in diesem Fall leitet sich der Begriff von einer Mauer ab, die um einen Ort herum gebaut wurde, der das Marktrecht besaß und auch Marktflecken oder Flecken genannt wurde. Die im 15. Jahrhundert erbaute Mauer schützte „Dagolfesheim“, wie Dalsheim damals hieß, vor potentiellen Angreifern. Heute ist Dalsheim ein Ortsteil von Flörsheim-Dalsheim und die Fleckenmauer das touristische Highlight der Gemeinde. Bis zu neun Meter ragt sie an einigen Stellen in die Höhe. Sie ist zudem ein besonders eindrucksvolles Beispiel einer Schutzmauer, die in dieser Form einzigartig in Rheinhessen ist. Denn bis auf ein kleines Stück, das an einer Stelle dem Straßenbau zum Opfer fiel, ist sie in ihrer gesamten Länge von 1100 Metern erhalten, ebenso wie ihre sieben Türme. Die Fleckenmauer führt nicht nur um den gesamten historischen Ortskern herum, sie ist teilweise auch auf dem Wehrgang begehbar. Zudem ist sie im Ortskern in allen Gassen präsent, auch wenn sich kleinere Leute an manchen Stellen recken müssen, um sie im Hintergrund neben der Haus- und Hofbebauung zu erspähen.

Die Fleckenmauer im Ortsteil Dalsheim mit Arkaden und Wehrgang

Historiker, Heimatpfleger sowie Kultur- und Weinbotschafter kümmern sich seit Jahren liebevoll um ihr Kleinod. Sie freuen sich über jeden, dem sie die Mauer innerhalb und außerhalb des Ortes zusammen mit anderen wichtigen Gebäuden zeigen können. Dafür hat die Gemeinde viel getan. In den Achtzigerjahren des vergangenen Jahrhunderts wurde die Mauer sachkundig und mit vereinten Kräften restauriert. Im Ort finden sich zudem zahlreiche Informationstafeln und ab dem Frühjahr 2012 wird es einen markierten Ortsrundgang geben, damit die Individualbesucher die Möglichkeit haben, allein und in eigenem Tempo durch die Gassen zu bummeln. Ein geführter Rundgang lohnt sich aber allemal, wissen doch die Gästeführer viel aus der reichen Geschichte des Ortes zu berichten, etwa, weshalb so ein relativ kleiner Ort gleich drei Kirchtürme hat und weshalb eine so aufwendige Ortsbefestigung gebaut wurde. Die drei Kirchtürme entstanden für jeweils eine katholische, lutherische und reformierte Gemeinde. Heute wird eine der drei Kirchen als evangelisches Gemeindezentrum genutzt.
Treffpunkt zur Fleckenmauer-Führung ist mitten im alten Ortskern von Dalsheim der Platz „Auf dem Römer“. Parkplätze finden sich aus Gundheim kommend gleich rechts nach der Bahnunterführung Richtung Friedhof. Von dort läuft man ein Stückchen zurück, bis man wieder auf der Hauptstraße ist. In ca. 200 Metern Entfernung sieht man schon den mittelalterlichen Untertorturm, der dort einmal das Tor flankierte. Den passiert man und geht direkt der Vordergasse folgend hinauf zum „Römer“.

Mittelalterlicher Wohnturm im Ortsteil Flörsheim

Der Rundgang selbst führt innerhalb von Dalsheim erst ein Stück durch die Burggasse, dann nach links durch die Mittelgasse bis es rechts in die Kirchgasse geht, die später in die Weedgasse mündet. An deren Ende biegt man links in die Zwerchgasse ein und schlendert dann bis zum Untertorturm, der ja schon bekannt ist. Dort ist die einzige Stelle, wo der Fleckenmauer einige Meter genommen wurden. Den gut erhaltenen Turm kann man mit der Gästeführerin besteigen und sogar für private Feiern mieten. „Es haben ungefähr 25 Personen Platz, aber man muss alles selbst hoch tragen", warnt Kultur- und Weinbotschafterin Karin Henn. Das besondere Ambiente des Turms entschädigt aber für diese Mühen. Gleich links neben dem Untertorturm steht das alte Schulgebäude. Von dort führt links ein Weg ab, an einem kleinen Platz vorbei mit einem ehemaligen Schulsaal, den heute die Chorgemeinschaft nutzt. Geradeaus sieht man nach ca. 200 Metern die Ortsbefestigung von außen in ihrer ganzen Pracht. Ein kleiner Weg, der rechts abgeht, führt einerseits am jüdischen Friedhof entlang und am Ende zu einem wunderbaren Blick auf das Rebenmeer. Der Friedhof, der zu Beginn des 16. Jahrhunderts angelegt wurde, ist immer geöffnet. Viele gut erhaltene Grabsteine laden zum Besuch dieser Ruhestätte ein. Kleine Steine, die auf ihnen abgelegt wurden, zeugen von Besuchern. „Es kommen immer noch Angehörige hierher", weiß Karin Henn. Verlässt man den Friedhof und folgt links dem Weg bis zum Nordwestturm, präsentiert sich dort die Fleckenmauer am besten: Spätestens jetzt denkt man, man sei im Mittelalter angekommen. Den Weg entlang der Mauer geht man weiter, bis man am Ende auf eine Straße stößt, an der einmal das zweite Tor stand und wo der Obertorturm noch erhalten ist. Auch dieser Turm darf besichtigt werden und durch seinen Aufgang kommt man nun auf die Wehrmauer, von der sich wunderbare Ausblicke in die Landschaft zeigen und natürlich in die Gärten und Hinterhöfe von Dalsheim. Wer allein unterwegs ist, findet an der Tür des Turms eine Nachricht, wo man den Schlüssel für den Eingang abholen kann: Ein Blick von oben lohnt sich allemal.

Aber noch etwas anderes lohnt einen Besuch in dieser am südlichen Zipfel von Rheinhessen gelegenen Gemeinde besonders, nämlich der Wein: „Bezogen auf die Einwohnerzahl ist Flörsheim-Dalsheim der

Jüdicher Friedhof im Ortsteil Dalsheim

meist prämierte Weinort von Deutschland. Hier finden sich zehn Prozent der besten Lagen in Rheinhessen", erklärt Karin Henn stolz und fügt augenzwinkernd hinzu: „Deshalb musste auch die Ortsbefestigung besonders sicher sein – um den hier gelagerten Wein zu schützen."

Führung: Karin Henn, KWB, 06243/5906
Text: Heike Sobotta

Der Spaziergang in Kürze

Start:
Auf dem Römer
Länge:
Ca. 1,5 km
Dauer:
1 – 1,5 Std.

Anfahrt:
Auto:
A 61, Abfahrt
ÖPNV:
Rheinland-Pfalz-Takt

Und außerdem:

- **jeden Samstag, April bis Oktober, um 17 h öffentliche Führungen entlang der Fleckenmauer**
- **Kinderführungen zum Thema Fleckenmauer**
- **Kostümführungen:** „... wenn Nachtwächterinnen erzählen" und „Frauenleben im Mittelalter"

Einer der 6 Trulli in der Gemarkung Flörsheim-Dalsheim

In der Umgebung

- **Hiwwelroute führt durch Flörsheim-Dalsheim**
- **markierter Trulloradwanderweg**
- **drei ausgeschilderte Wanderwege unterschiedlicher Länge** (1 – 5 km), Start: Bahnhof Flörsheim-Dalsheim
- **Gundheim:** siehe Seite 60ff
- **Westhofen:** siehe Seite 116ff

Einkehrtipps:

- **Café Sommer**
  Moorgasse 14
  Öffnungszeiten:
  Mi – Mo: 9 – 18
  Tel. 06243/905553
- **Weinschänke Krause**
  Philipp-Merkel-Straße 17
  Öffnungszeiten:
  Mi – Mo: ab 17, So auch 11 – 14
  Tel. 06243/77000
- **Gutsschänke Schmitt**
  Weedenplatz 1
  Öffnungszeiten:
  31.1. – 14.6., 18.9. – 20.12.:
  Fr, Sa ab 18, So ab 17
  Tel. 06423/8515
- **Gaststätte Bollmann**
  Weinbergstraße
  Öffnungszeiten:
  Mo – Fr: 11.30 – 14, 17 – 22,
  So: 11.30 – 14, 17 – 22
  Tel. 06243/452

Rosenstöcke vor Wingertszeilen

FRAMERSHEIM | 9.

Drei Brunnen, die Erfindung der Backesgrumbeere und der Labyrinthplatz

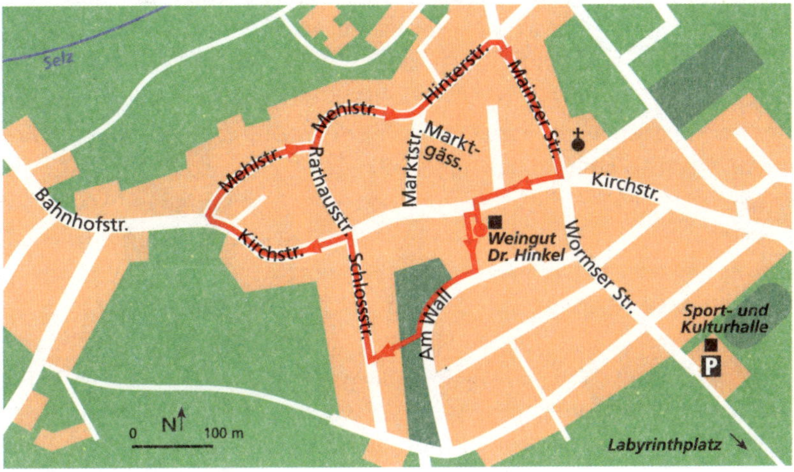

Evangelische Hochzeitskirche mit Stummorgel und das rheinhessische Rezept überhaupt, die „Backesgrumbeere".

In früheren Zeiten stand in Framersheim am Waschtag traditionell stets ein Gericht punkt zwölf dampfend auf dem Mittagstisch: die „Backesgrumbeere". Dieses Essen hatte einen entscheidenden Vorteil: Es ließ sich gut vorbereiten und wurde zum Backen ins Backhaus gebracht. „Aus Framersheim stammt das Rezept", erklärt Kultur- und Weinbotschafterin Hedda Hinkel dazu im Brustton der Überzeugung. Das deftige Kult-Kartoffelgericht bietet sie deshalb auch auf Anfrage zum Abschluss ihrer Führung an. Natürlich lässt sich Framersheim gut auf eigene Faust erkunden, aber Hedda Hinkel hat bei ihren Führungen noch die eine oder andere Überraschung in petto.

Wer den 1600 Seelen-Ort mit ihrer Hilfe kennenlernen will, trifft sich mit ihr im Weingut der Familie in der Kirchstraße mit Parkmöglichkeiten in der Nähe. Nach einer kleinen Einstimmung geht es erst einmal auf die gegenüberliegende Straßenseite. Im lauschigen Kirchgarten, in dem gerade ein Bibelgarten entsteht, wartet die evangelische Jakobus-Kirche auf Besucher. Die Kirche ist tagsüber immer geöffnet, um Pilgern die Möglichkeit der Andacht zu geben und sich am Kircheneingang einen Pilgerstempel zu holen. Den Grundstein zu diesem neoromanischen

Bau legte die Gemeinde 1903. Lediglich das Westportal aus dem 18. Jahrhundert, das spätgotische Sakramentshäuschen und die Grabplatten der Kessler von Sarmsheim, der Amtmänner unter den Grafen von Falkenstein, an der Nordseite des Turms, blieben vom Vorgängerbau erhalten, den sich katholische und evangelische Christen simultan teilten. Nach Streitigkeiten beschloss die evangelische Gemeinde im Jahr 1900, die Katholiken auszubezahlen und an gleicher Stelle eine neue Kirche zu errichten. Leider reichte das Geld dann nicht mehr für eine neue Orgel, so musste die alte behalten werden. Heute lässt sich sagen: zum Glück! Denn so steht in der Kirche, die sich zudem als Hochzeitskirche großer Beliebtheit erfreut, heute noch – nach Einschätzung Professor Eppelsheimers (Münster) – die größte intakte einmanualige Stummorgel überhaupt.
Die Besucher verlassen den Kirchhof auf demselben Weg, auf dem sie gekommen sind, und biegen nach links in die Kirchstraße. In Höhe der ehemaligen Schule, einem spätklassizistischem Putzbau, in dem heute der Kindergarten untergebracht ist, verschwindet die Gästeführerin mit der Gruppe in einem Reilchen, einem typischen rheinhessischen Pfädchen zwischen den Häusern, das auf die ehemalige Ortsgrenze führt. Nun biegt der Weg über eine kleine Brücke rechts ab auf einen schmalen Weg, der in die Schlossstraße mündet. Woher der Name Schlossstraße kommt ist ungewiss, denn: „Es gab in Framersheim nie ein richtiges Schloss“, erklärt Hedda Hinkel. Die Grafen von Falkenstein lebten nie in Framersheim, sie besuchten den Ort immer nur an Gerichtstagen oder im Laufe einer Inspektionsreise. Sie residierten dann in der Schlossstraße 12. „Es wurde als der Herrschaft gehörig, das Schloss genannt und durch Zehntscheune und Ställe war es nach unserem heutigen Verständnis sicher eines der größten Gebäude im Ort“, berichtet die Gästeführerin. Framersheim bildete in einem ansonsten kurpfälzischen Gebiet eine richtige Enklave, standen doch die Herren von Falkenstein von 1173 bis 1797 dem Ort vor. Als Napoleon kam, änderten sich mit einem Schlag die Machtverhältnisse und die Gemeinde wurde dem Département du Mont-Tonnerre, so die französische Bezeichnung für das Department Donnersberg, unterstellt.
Der Rundgang durch den Ort führt weiter durch die Schlossstraße zur Rathausstraße, vorbei am Kautzenfleck, in die Mehlstraße bis zum Freien Platz. Von dort geht es weiter in die Hinterstraße, wo die Gruppe nach rechts in die Mainzer Straße abbiegt. An der Kreuzung steht die katholische Kirche aus Flonheimer Sandstein. Nach rechts führt der Weg wieder in die Kirchstraße, wo sich der Kreis schließt und die Tour im Weingut endet.

Auf dem Weg durch die Gassen, zeigt Hedda Hinkel die Schmuckstücke der Gemeinde: zum Beispiel das neue Backhaus am Rathaus. Es ist groß genug, damit dort Gruppen gemeinsam backen und feiern können. Dann das schöne Rathaus, in dem früher auch die Schule untergebracht war, mit dem Wappenbrunnen gegenüber. Hier sind verschiedene Wappen dargestellt, unter anderem das Wappen der Herren von Falkenstein. Im Inneren des Brunnenbeckens sieht man Kinderköpfe, denn alten Überlieferungen zufolge bringt in Framersheim nicht der Storch die Kinder, sie kommen aus dem Brunnen. Auf dem Freien Platz stehen zwei weitere Brunnen, der Backesbrunnen, der die Geschichte der „Backesgrumbeere" erzählt und an der Rückseite des Ortspavillons der Kelterbrunnen. Aus ihm fließt bei besonderen Ereignissen sogar Wein. Der Freie Platz darf nicht bebaut werden, weil hier einst ein jüdischer Friedhof war. „Nach dem Dreißigjährigen Krieg holte man jüdische Bevölkerung in das Dorf, um es zu bevölkern, da die Einwohnerzahl auf 190 geschrumpft war", berichtet die Gästeführerin. Im Rahmen der Dorferneuerung wurde dieser Platz ebenso sorgfältig renoviert wie vieles andere in Framersheim. Sehenswert ist auch der Kautzenfleck, der Platz der früher das Ortsende markierte. Nur hier durften fahrende Händler und Fremde, also seltsame „Kautze", ihre Ware feilbieten.

Framersheimer Backhaus

Führung: Hedda Hinkel, KWB, 06733/368
Text: Heike Sobotta

Der Spaziergang in Kürze

Start: Weingut Dr. Hinkel, Kirchstraße 53, hier auch Parkmöglichkeiten **Länge:** 2 km **Dauer:** 1,5 – 2 Std.	**Anfahrt:** Auto: A63, A61, Abfahrt Biebelnheim ÖPNV: Züge im Halbstundentakt Mainz-Alzey

DER LABYRINTH-PLATZ AUF DEM HORNBERG

7-Wege-Labyrinth zum Abschreiten, Meditieren und für ein Picknick mit Aussicht

Nein, in diesem Labyrinth verläuft sich niemand, obwohl es 750 Meter lang ist. Es gibt keine hohen Mauern, vielmehr symbolisieren Kalksteine am Boden ein mehr als 3000 Jahre altes kretisches Motiv. Wer den Eingang gefunden hat folgt dem Weg, schreitet dabei hin und her, bis er den Mittelpunkt gefunden hat. „Es ist ein Pendeln zur Mitte, auch zur eigenen Mitte", empfindet Kultur- und Weinbotschafterin und Künstlerin Rita Breuder. Sie macht immer wieder die Beobachtung, dass die Menschen, die hierher zum Labyrinth kommen, sich bewusst auf den Ort mit dem „Sieben-Wege-Labyrinth" einlassen. Sei es im Rahmen besonderer Veranstaltungen, bei Seminaren oder beim Picknicken mit Freunden oder bei einer Führung mit ihr. Außerdem verlockt natürlich die grandiose Aussicht bis zum Odenwald, zum Donnersberg, dem Taunus und der Skyline von Frankfurt. Wer dann die Kalksteine näher betrachtet, findet nicht nur Symbole der vier Elemente. Die Steine lassen durch Einschlüsse geologischer Spuren wie Muscheln die örtliche Erdgeschichte vieler Millionen Jahren begreifbar werden.
Vor mehr als zehn Jahren lagerte dort der Aushub für die ersten Windkraftanlagen auf dem Hornberg. Da entstand bei Rita Breuder die Idee, hier einen Ort für Begegnungen und Erfahrungen zu gestalten. Sie wollte sich und andere wieder in die Natur einbinden. Einbinden in eine Natur, die im nahen Umfeld mit Windkraftanlagen und Landwirtschaft lebt. Bei guter Sicht allerdings auch mit dem Blick auf das – inzwischen abgeschaltete – Atomkernkraftwerk in Biblis.

Heute ist das Labyrinth mit den vier Wendepunkten ein Ort, der von Framersheim nicht mehr wegzudenken ist. Die Gemeinde fördert das Projekt, zieht es doch Besucher von weither an. Landwirte brachten während der Gestaltung des Labyrinths ihre Kalksteine hierher, die „aus ihren Feldern geboren werden“, wie der Volksmund sagt.
In ca. 20 Minuten erreicht man zu Fuß die Windräder auf dem 283 Meter hohen Hornberg und das Labyrinth oberhalb von Famersheim. Der rund zwei Kilometer lange Weg durch die Weinberge lässt sich gut bewältigen. Er ist Teil des Jakobs-Pilgerweges von Bingen nach Worms und dementsprechend mit dem Symbol der blau-gelben Jakobsmuschel markiert.

Führung: Rita Breuder, KWB, Künstlerin, 06733/6618
Text: Heike Sobotta

Der Spaziergang in Kürze

Start:
Sport- und Kulturhalle, Wormser Straße, (Parkmöglichkeiten)
Länge:
ca. 2 km
Dauer:
1,5 – 2 Std.

Anfahrt:
Auto:
A63, A61, Abfahrt Biebelnheim
ÖPNV:
Züge im Halbstundentakt Mainz-Alzey

Und außerdem:
- **Weinlehrpfad auf dem Hornweg,** Länge: 5 km, Start: Sport- und Kulturhalle

In der Umgebung:
- **Albig:** siehe Seite 7ff
- **Bechtheim:** siehe Seite 17ff
- **Westhofen:** siehe Seite 116ff

Einkehrtipp:
- **Gaststätte „Zur Krone“**
  Mehlstraße
  Tel. 06733/6755
  Öffnungszeiten:
  Di – So ab 18, So ab 10
- **Cafe Strubel**
  Bahnhofstraße 21
  Tel. 06733/347
  Öffnungszeiten:
  Mo, Di, Do, Fr ab 16
  Sa/So ab 10 Uhr
- **Gaststätte Zur Stadt Alzey**
  Kirchstraße 30
  Tel. 06733/7415
  Öffnungszeiten:
  Mo – So 11 – 14, ab 17
- **Reiterstübchen Pizzeria Cavallino**
  Hinter der Stephanskirche
  Te. 06733/949253
  Öffnungszeiten:
  Mo – Sa 17 – 23, So + Fei 10 – 23

10. FREI-LAUBERSHEIM

Das alte „Freidorf"

Tor zur Rheinhessischen Schweiz mit Renaissance-Rathaus und Friedenslinde von 1871

In der Weinbaugemeinde Frei-Laubersheim leben heute rund 1060 Einwohner. Obwohl der Ort als Verkehrsknotenpunkt gilt, wirkt er doch beschaulich. Die über 1200 Jahre alte Gemeinde findet ihre erste Erwähnung 767 im Lorscher Codex. „Bis ins 13. Jahrhundert war Frei-Laubersheim reichsgehörig", erklärt die Kultur- und Weinbotschafterin Roswitha Partenheimer, „das zeigt auch der Zusatz ‚frei'." Lange Jahre gehörte der Ort zum Besitz der Grafen von Sponheim, die ihn als „Mannslehen" vom Pfalzgrafen Ruprecht erhalten hatten. Nach dem Aussterben der männlichen Linie wechselten die Besitzer mehrmals, bis er der Kurpfalz und Baden zugeschrieben wurde. Ende des 18. Jahrhunderts zogen auch hier Napoleons französische Truppen ein. Sie blieben, bis Frei-Laubersheim 1816 zum Großherzogtum Hessen-Darmstadt kam, und damit rheinhessisch wurde. Der Zusatz „frei" signalisiert die Zugehörigkeit zum Reich.

Der historische Ortskern des ehemaligen Runddorfes hat sich insgesamt gut erhalten und lädt zum Bummeln ein. Hinweisschilder an den zahlreichen denkmalgeschützten Gebäuden informieren über ihre Historie oder ihre früheren Bewohner. Wer mit Roswitha Partenheimer den historischen Ortskern während eines Spaziergangs erkundet, erfährt jedoch noch mehr über die Geschichte, über ehemalige Bewohner und die eine oder andere Anekdote, die man sich heute noch in Frei-Laubersheim erzählt.

Der Röhrenbrunnenplatz

Ihr Rundgang startet am Röhrenbrunnen, der am Dorfplatz steht, den die Einheimischen auch „Röhrenbrunnenplatz“ nennen. Hier gibt es Parkplätze und hier findet am dritten Wochenende im September auch immer die Kerb statt. Hier münden auch Kirchenpforte, Rathausstraße und Philipp-Wehr-Straße.
Die Tour mit Roswitha Partenheimer führt an vielen fränkischen Hofanlagen, klassizistischen Gebäuden und gepflegten Häusern aus dem Barock vorbei. Sie nimmt den Weg durch die Kirchenpforte, weiter durch den Johannisgarten, dann die Römerstraße entlang, durch die Philipp-Wehr-Straße, dann durch die Schulstraße. Weiter geht es zur Backhauspforte, dann zur Fronpforte und zum Schluss durch die Rathausstraße zum Dorfplatz zurück.
Ein Prunkstück ist sicher das 1603 erbaute und besonders sehenswerte, imposante Renaissance-Rathaus in der Rathausstraße 9 mit Erker, Krüppelwalmdach und „Betzekämmerchen“. Im „Betzekäm-

Das Rathaus

Der alte Wehrturm, heute Turm der katholischen Kirche

merchen" mussten früher alle, die Feldfrüchte gestohlen hatten und dabei erwischt worden waren, Hohn und Spott durch ein Gitterfenster ertragen. In der Kirchenpforte 4, in dem Haus, in dem ehemals die Metzgerei war, ist es heute ein Dorfmuseum. Leider gibt es keine festen Öffnungszeiten. Interessenten melden sich einfach telefonisch an. Das kostbarste Fundstück des Ortes ist hier ebenfalls nicht zu sehen, es liegt im Landesmuseum Mainz. Es handelt sich dabei um eine Gewandspange, Fibel genannt, mit der übersetzten Aufschrift: „Boso ritzte die Rune, dich Dalina beschenkte er". Die Fibel lag in einem fränkischen Frauengrab, das man 1870 bei Ausschachtungen zu einem Keller fand, und belegt damit die lange Siedlungsgeschichte Frei-Laubersheims. Die Fibel wurde auch in das Wappen des Ortes aufgenommen.

In der Kirchenpforte, gleich am Ortseingang, steht auch das älteste Gebäude von Frei-Laubersheim, der romanische Wehrturm aus dem 12. Jahrhundert. Unbedingt sehenswert ist die Ende des 18. Jahrhunderts erbaute Kirche, die wie so viele Kirchen in Rheinhessen über einen längeren Zeitraum evangelischen und katholischen Christen gleichzeitig als Simultaneum diente; heute ist St. Mauritius katholisch. Zum Andenken an den Friedensschluss von 1871 wurde vor der Kirche eine Friedenslinde gepflanzt. Das ehemalige katholische Pfarrhaus aus dem Jahr 1723 hat sich ebenso erhalten wie das spätklassizistische evangelische Pfarrhaus aus dem Jahr 1835 in der Straße Am Johannisgarten. Hier lebt noch heute der evangelische Pfarrer während seiner Dienstzeit. Das ehemalige Kaplaneigebäude gehörte dem Kloster Tholey nur wenige Jahre. Dann wurde es evangelisches Schulhaus, in dem der Lehrer auch gleichzeitig wohnte. Dem Kloster wurde 1261 vom Mainzer Erzbischof Werner das Patronatsrecht verliehen. Das bedeutete, die Abtei hatte sich nicht nur um Pfarrhaus und Kirche zu kümmern, sondern besetzte auch eigenständig die Pfarrstelle.

Führung: Roswitha Partenheimer, KWB, Tel. 06709/6204
Text: Heike Sobotta

Der Spaziergang in Kürze

Start:
Röhrenbrunnen am Dorfplatz
Länge:
1,5 km
Dauer:
ca. 1 Std.

Anfahrt:
Auto:
A 61, B 420

Und außerdem:

- **Dorfmuseum**
  Kirchenpforte 4a
  55546 Frei-Laubersheim
  Öffnungszeiten:
  nur nach telefonischer Anmeldung: Tel. 06709/212 Albert Mühlberger oder 364 Karst

In der Umgebung:

- **Eckelsheim:** siehe Seite 23ff
- **Neu-Bamberg:** siehe Seite 73ff
- **Wonsheim:** siehe Seite 129ff

Einkehrtipps:

- **Gaststätte Steitz Fam. Wolf**
  Backhauspforte 20
  55546 Frei-Laubersheim
  Tel. 06709/219
- **Kultur im alten Hofgut Karlheinz Fröhlich**
  Karlheinz Fröhlich
  Phillip-Wehr-Straße 4
  55546 Frei-Laubersheim
  Tel. 06709/9111957

11. GIMBSHEIM
„Rue de la Pannekuchegass" –
ein Tagelöhnerhäuschen erzählt

Im 19. Jahrhundert lebten die ärmsten Leute unter beschwerlichen Bedingungen auf kleinstem Raum zusammen. Sie besaßen so gut wie kein eigenes Land, verdingten sich tagsüber bei Bauern zur Feldarbeit und arbeiteten abends noch als Schneider, Weber, Korb- oder Schuhmacher. Das kleine „Wallhäuser Häuschen" in Gimbsheim in der Uhlandstraße erzählt davon.

Für die Alteingesessenen steht das Tagelöhnerhäuschen allerdings nicht in der Uhlandstraße, für sie heißt die kleine Straße „Pannekuchegass". So wird sie nämlich in einem Dokument aus Franzosenzeiten bezeichnet, als „Rue de la Pannekuchegass".
Klein, aber schmuck, denkt der Besucher, wenn er dann direkt davorsteht, präsentiert sich das Häuschen doch frisch verputzt in einem erdrosafarbenen Ton. Das Tor ist geöffnet und gibt den Blick in einen kleinen schmucken Hof frei, der zum Nähertreten einlädt. Von der Hofseite aus sind teilweise die Fachwerkbalken des in Ständerbau-

weise errichteten Gebäudes sichtbar. „Könnte das Häuschen reden, würde es Sie vielleicht auf Französisch begrüßen, denn das Haus hat schon die Soldaten von Napoleon gesehen und Französisch war zu diesem Zeitpunkt die Amtssprache“, begrüßt Kultur- und Weinbotschafterin Sigrid Krebs die Besucher. Sie erzählt von der Marotte des französischen Herrschers, der Verwaltung und Bürokratie einführte und die Häuser eines Ortes einfach durchnummerieren ließ. Deshalb ist noch heute an der Fassade die Nummer 199 zu finden. Als das Haus etwa in der Mitte des 18. Jahrhunderts erbaut wurde, reihten sich die Fachwerkhäuschen der Tagelöhner hier aneinander und waren leicht von den Gebäuden der betuchteren Bauern zu unterscheiden, die ihre Häuser aus Bruchsteinen mauern konnten. Die Fenster setzten die Armen dort ein, wo kein Balken verlief, und zum Auskleiden der Zwischenräume, der Gefache, verwendeten sie ungebrannte Lehmsteine, die sie aus der Lehmgrube am Altrhein holten. Die Decken zwischen den Geschossen fertigten sie aus einem Weidengeflecht, das mit Stroh und Lehm bestrichen wurde. Trotzdem kostete so ein Gebäude zwischen 200 und 300 Gulden. Ein Tagelöhner verdiente ungefähr 150 Gulden im Jahr, die Kosten für ein Haus dieser Größe lagen zwischen 600 und 900 Tagelöhnersätzen.

Blick in Küche und Schlafzimmer

Im Erdgeschoss gibt es eine Küche mit zehn Quadratmetern und eine Stube mit 16 Quadratmetern. Die Stube war zugleich Elternschlafzimmer, Wohn- und Arbeitszimmer und Waschraum. Der Dachboden darüber teilt sich in eine Kammer für die Kinder sowie einen Lagerraum für Lebensmittel. „Es ist davon auszugehen, dass es in der Küche im 18. Jahrhundert eine offene Feuerstelle gab“, erklärt Sigrid Krebs. Der Rauch zog nach oben in den darüberliegenden Raum und durch eine kleine Öffnung im Dach ab. Bewohnt war das Haus bis 1980.

Die letzten Bewohner hießen Wallhäuser, nach ihnen heißt es heute „Wallheiser Heisje“. Bis zum Schluss gab es weder ein Bad noch eine Toilette im Haus.
In den kleinen Zimmern finden sich Wohnzeugnisse vergangener Zeiten: Betten, Wiege, Tisch und Stühle bis hin zu den Werkzeugen und Gerätschaften aller Art, die man sogar in die Hand nehmen darf. Sigrid Krebs weiß viel über das Leben der Tagelöhner zu berichten, erzählt von ihrer Ernährung, wo sie ihr Wasser herbekamen und von Hühnern und Ziegen, die sie in winzigen Ställen neben dem Haus hielten.
Dass das Tagelöhnerhaus überhaupt noch steht und noch dazu in so einem guten Zustand, ist der Privatinitiative der Familie Stampp aus Gimbsheim zu verdanken. Als sie das Häuschen im Jahr 2000 erwarben, erfuhren sie von seinem historischen Hintergrund und beschlossen, es ganz im Sinne des Denkmalschutzes zu renovieren und restaurieren. In mühevoller Kleinarbeit befreiten sie das Innenleben von allen neuzeitlichen Zeugnissen. Sie kratzten Teppichreste so lange vom Boden ab, bis die Holzdielen frei lagen. Sie holten die Rigips-Platten von den Wänden, entfernten jedes Plastikteil und versetzten die 38 Quadratmeter nach und nach in den Urzustand mit gekalkten Wänden. An etlichen Stellen ließen sie bewusst Zeitfenster stehen. Das heißt: Alte Putzschichten mit Steinen, Balken mit Rußspuren, Bordüren und Tapetenreste erzählen vom Gebrauch der Räume durch ihre verschiedenen Bewohner. Dann sammelte die Familie Stampp historisches Mobiliar bis hin zum Kinderbett, um die Räume entsprechend einzurichten.
Das Tagelöhnerhäuschen ist heute eine Außenstelle des Museums Gimbsheim.

Führung: Sigrid Krebs, KWB, Tel. 06246/6269
Text: Heike Sobotta

Der Spaziergang in Kürze

Start:
Uhlandstraße 10
Länge:
1,5 km
Dauer:
ca. 1 Std.

Anfahrt:
Auto:
B9, Abfahrt Guntersblum, Parkplätze am Marktplatz
ÖPNV:
Bus ab Worms

Und außerdem:

- **Wanderung zum Altrhein entlang der Seen**, 6 km
- **Wanderung Kühkopf**, 6 km
- **Museum in Gimbsheim**
  Hauptstraße 10
  67578 Gimbsheim
  Öffnungszeiten:
  So 14-18 und nach telef. Vereinbarung:
  Dr. Gunter Mahlerwein,
  Tel. 06249-6394,
  www.museum-vg-eich.de

In der Umgebung

- **Alsheim:** siehe Seite 12ff
- **Bechtheim:** siehe Seite 17ff
- **Wintersheim:** siehe Seite 121ff

Einkehrtipp:

- **Museumscafé mit historischem Mobilar,** Alte Storchenschule
  Hauptstraße 10
  67578 Gimbsheim
  Öffnungszeiten: So 14 – 18
- **Straußwirtschaft Bioweingut Nitschmann-Knewitz**
  Friedrich-Ebert-Straße 14
  67578 Gimbsheim
  Tel. 06249/5443

Auf dem Kühkopf

12. GUNDHEIM

Vom Letten über die Birne „Gundheimer Lange“ zum Weinbau

Um 1700 fast verlassen, um die Wende zum 19. Jahrhundert Wohlstand durch Ziegelbrennereien und in der Landwirtschaft über den Obstanbau zum Weinbau – in Gundheim lässt sich auch mit Kleinigkeiten viel entdecken.

Die kleine Wein- und Obstbaugemeinde Gundheim liegt mitten im Wonnegau, gehört zur Verbandsgemeinde Westhofen und zählt knapp 1000 Einwohner. Für das Jahr 774 findet sich im Rahmen einer Schenkung an das Kloster Lorsch eine erste Urkunde. Die fränkische Gründung, deren Name sich vom altdeutschen Wort „gund“ (übersetzt: Kampf) ableitet, war viele Jahre im Besitz der Ritter von Gundheim, der Grafen von Hohenfels, von Leiningen und Meckenheim. Sie erbauten im Dorf eine Burg, die zur Sicherung mit einer gezinnten Burgmauer umgeben war, von der heute nur noch ca. drei Meter erhalten sind, die sich auf einem privaten Grundstück befinden.
Der Burggraben mündete in östlicher Richtung und im Norden in den Dorfgraben. Später bildeten mehrere Ritterfamilien der Region eine Ganerbengemeinschaft, bis Gundheim 1429 an die Kurpfalz fiel. Von 1700 bis zum Einzug der Franzosen Ende des 18. Jahrhunderts war das Dorf mit Vogtei und Gericht das Lehen des Freiherrn Johann Erwin von Greiffenclau zu Vollrads. Im Pfälzer Erbfolgekrieg (1688-1697) wurde der Ort total zerstört und verlassen. Später kehrten 19 Familien wieder zurück. Um das Dorf zu beleben, wurden Siedler für Gundheim gesucht. Das

führte dazu, dass sich hier ganze Sippen niederließen; um 1700 zum Beispiel die Familie Michel aus der Schweiz, die sich so vergrößerte, dass im 20. Jahrhundert 22 Familien mit Namen Michel in Gundheim lebten. Wie viele Orte in Rheinhessen, lässt sich das überschaubare Gundheim gut allein erkunden. Wer sich jedoch für geschichtliche Hintergründe und kleine Geschichten interessiert, begibt sich am besten mit der Kultur- und Weinbotschafterin Helmtrud Schäfer auf Spurensuche. Der Spaziergang mit ihr startet am ehemaligen Bahnhof in der Bahnhofstraße, wo sich auch Parkmöglichkeiten finden. Dann geht es durch die Bahnhofstraße und die Gartenstraße am alten Dorfplatz vorbei, der allerdings keinen eigenen Namen trägt. Nun weiter die Hauptstraße entlang , bis der Weg links in die Weedegasse abbiegt. Am Ende der kleinen Gasse mündet dieser in den Weedeplatz ein. Nun führt die Tour nach rechts in die Schlossgasse, der man bis zur Einmündung der Kirchgasse folgt. Die Gästeführerin führt dann die Kirchgasse hoch und kommt an der St. Laurentius Kirche wieder zur Hauptstraße. Hier endet der offizielle Teil des kleinen Spaziergangs. Da Helmtrud Schäfer den obligaten Abschluss mit einem Glas Wein jedes Mal in einem anderen Weingut durchführt, variiert auch der Endpunkt ihrer Tour.

Alter Dorfplatz mit der Statue des Heiigen Nepomuk

Während der Ortserkundung führt sie nicht nur in der Hauptstraße 29 zum ältesten Gebäude Gundheims, das einen Wappenstein von

1506 zeigt. Weiterhin zeigt sie in der Hauptstraße 19 das Rathaus, in dem sich heute auch das Heimatmuseum befindet. Ursprünglich wurde das stattliche spätbarocke Gebäude mit dem Krüppelwalmdach 1747 als Herrenhaus der Familie von Greiffenclau gebaut; seit Mitte des 19. Jahrhunderts beherbergt es die Schule.
Helmtrud Schäfer führt auch zur katholischen St. Laurentius Kirche, die 1896 durch einen Brand völlig zerstört und 1901/02 im spätgotischen Stil als prächtige dreischiffige Basilika mitten im ehemaligen Wehrfriedhof neu errichtet wurde. Neben der Kirche steht in der Kirchgasse 1 ein Haus im spätgotischen Stil, bei dem der nahezu

Haus in der Kirchgasse 1, erbaut 1782

oberirdische Keller noch eine Besonderheit hat: An den Kellerfenstern sind Steinschiebeelemente zu sehen, mit denen früher die Kellertemperatur geregelt wurde. Sie zeigt weiterhin in der Hauptstraße 25 das Hofgut der Greiffenclauer und in der Schlossgasse 18 das Bürgerhaus der ehemaligen Steinbrennereibesitzer.
Heute spielt der Weinanbau für Gundheim die Hauptrolle, aber der Ort ist ein gutes Beispiel dafür, wie die einsetzende Industrialisierung im 19. Jahrhundert einen Ort prägte und durch größeren Wohlstand veränderte. Der Grund für diesen Aufschwung ist der um Gundheim und Westhofen liegende sandige Ton, der Kalk enthält und als Letten bezeichnet wird. „Der Letten wurde mit Wasser

gemischt und bei 1400 Grad zu Ziegelsteinen gebrannt“, berichtet Helmtrud Schäfer. Damit baute man Hochöfen, die zur Eisenerzgewinnung genutzt wurden. In diesem Zusammenhang wurde auch die Anbindung Gundheims an das Schienennetz bedeutsam, denn die größte Ziegelei belieferte ausschließlich einen Abnehmer in Mannheim mit ihren Ziegeln. Einige kleinere Ziegeleien wiederum brannten ihre Ziegel nur für den Hausbau in der Gemeinde und die Gebäude, die damit errichtet wurden, zeigt Helmtrud Schäfer immer wieder während ihres Spaziergangs. Die repräsentativeren der alten Villen wurden aber nicht aus Letten, sondern aus rotem Sandstein und holländischen Klinkersteinen erbaut.
Zu Beginn des 20. Jahrhunderts wurde jedoch der Obstanbau für Gundheim besonders wichtig und dabei waren vor allem die Pastorenbirnen, die „Gundheimer Langen“, ungemein beliebt. „Noch in meiner Kindheit war das ganze Dorf von Birnenbäumen umstanden und die Birnen wurden in der Erntezeit LKW-weise weggebracht.“

Führung: Helmtrud Schäfer, KWB, Tel. 06244/4589
Text: Heike Sobotta

Der Spaziergang in Kürze

Start:
Bahnhofstraße 18,
am früheren Bahnhof
Länge:
1,5 km
Dauer:
ca. 1,5 Std.

Anfahrt:
Auto:
A61, Ausfahrt Gundheim,
Westhofen
ÖPNV:
mit dem Bus von Worms aus

Und außerdem:
- **Nordic-Walking-Route,**
  Start am Sportplatz (an der L
- **Heimatmuseum**
  67599 Gundheim
  Hauptstraße 9
  Öffnungszeiten:
  Info: Helmut Gamradt
  Schlossgasse 22
  Tel. 06244/4435

Einkehrtipp:
- **Gaststätte Germania**
  Hauptstr. 27
  67599 Gundheim
  Tel. 06244/4941
- **Gaststätte Höhn**
  Gartenstr. 10
  67599 Gundheim
  Tel. 06244/7995

13. HORRWEILER

Ein Hecht im Wappen und ausgelagerte Keller

Auffallend schöne historische Häuser mit Schnitzereien und ein Hecht als Wahrzeichen.

In der Binger Straße in Horrweiler stehen gleich etliche Häuser unter Denkmalschutz. Aber nicht nur da, auch in anderen Gassen lohnen auffallend schöne und reich verzierte Fachwerkgebäude und Bauten aus Renaissance und Barock das Anschauen. Beim Rundgang durch die Straßen und Gassen, die sich gut allein erkunden lassen, drängt sich ein Gedanke auf: Der Ort liegt im Dornröschenschlaf und ist es eigentlich wert, entdeckt und damit erweckt zu werden ...
Ein Spaziergang durch den historischen Ortskern der 680 Einwohner zählenden Gemeinde mit der Kultur- und Weinbotschafterin Ina Leisenheimer ergänzt das Anschauen der besonders schönen Häuser um kenntnisreiche Informationen, gepaart mit Geschichten und Anekdoten.
Sie startet mitten im Ort An der alten Kelter, wo sich auch ausreichend Parkmöglichkeiten finden. Gegenüber der Kelter befindet sich gleich das Weindorf-Museum, um das sich der Verein der Horrweiler Heimatfreunde rührend kümmert. Zu den besonderen Aus-

Der Hechtbrunnen

Speisegaststätte Zum Horrweiler Hecht

stellungsstücken gehört ein Fundstück aus römischer Zeit, ein Rebmesser. Es belegt, dass der Weinanbau nicht nur heute, sondern schon zu römischer Zeit eine wichtige Rolle in Horrweiler spielte.

Auch der Name der Weinbaugemeinde verweist auf römische Spuren. Weil hier Villae rusticae belegt sind, entwickelte sich „Weiler" aus dem römischen „Villa" und „horr" verwies im frühen Mittelalter auf ein nasses oder gar sumpfiges Gebiet. „Die älteren Häuser im alten Ortskern sind deshalb nicht unterkellert, da noch immer wasserführende Schichten nachweisbar sind", erklärt Ina Leisenheimer. Dieser Wasserreichtum schenkte Horrweiler früher mehrere große Teiche am Ortsrand, in denen Karpfen und Hechte schwammen. Die Horrweiler Hechte waren berühmt und wurden von den Herren im Mainzer Petersstift, den Lehnsherren des Ortes, besonders geschätzt. „Von 1518 bis 1802 da galt des Zehntrechts Pflicht", zitiert die Gästeführerin dazu den Mundartdichter Wilfried Hilgert, denn der Herr Abt hatte wohl immer Anrecht auf den dicksten Hecht. Einen Hechtteich gibt es heute nicht mehr, aber ein eigens in den Achtzigerjahren des vergangenen Jahrhunderts erbauter Brunnen an der Aspisheimer Straße erinnert noch daran. Dorthin führt der Fußweg der Besucher als Erstes. Stolz ragt ein Hecht in die Höhe, allerdings fließt kein Wasser mehr aus seinem Fischmaul. Der Rundgang führt vom Brunnen weg durch die Weedstraße und ein Stück Backhausstraße entlang ins Innere des Ortes. An der Kreuzung zur Binger Straße biegt die Gästeführerin in diese nach rechts ab und folgt der Straße mit den zahlreichen denkmalgeschützten Bauten bis zu deren Ende. „Hier in dieser Straße kommt das Christkind immer vom Himmel am gestuften Dachgiebel des spätgotischen Hauses herunter, erzählen sich die Einheimischen“, schmunzelt Ina Leisenheimer. Am Ende der Binger Straße befand sich früher auch die Pforte nach Dromersheim und Bingen, das Binger Tor.

Torturm der Wehrkirche

Ein Stück Effengraben

Eine andere Pforte öffnete damals den Weg in Richtung Gensingen und Bad Kreuznach. Um diese Stelle zu finden, läuft man die Binger Straße zurück bis zur Einmündung der Grabengasse und biegt hier rechts ab. Vorbei an verschiedenen Schrebergärten kommt man zur Gensinger Straße und damit an die Stelle der ehemaligen Pforte. Die Tour führt weiter nach links in die Backhausstraße bis zur Abzweigung Kirchgasse, dann geht man die Kirchgasse hoch bis zur stolzen Wehrkirche. In ihrem Inneren finden sich ein schönes Holzgestühl und der erhaltene Rokkoko-Prospekt einer Orgel aus der Werkstatt der Gebrüder Stumm. Nach einer ausführlichen Besichtigung von Kirche, separatem Kirchturm und der das Ensemble umgebenden Ringmauer aus dem Jahr 1591 geht es weiter durch die Kirchgasse bis dorthin, wo die Bergstraße und die Straße An der Alten Pforte zusammentreffen. Hier stand früher die dritte Pforte, die nach Welgesheim führte. Dann führt der Weg nach links die Bergstraße hinab zum Ausgangspunkt zurück. Kurz vor dem Ende der Bergstraße, die Richtung Süden um das Kirchengelände herumführt, zweigt rechts die Kellergasse ab. Wie in der Grabengasse, hatten sich auch hier viele Bewohner von Horrweiler früher einen Keller ins Erdreich gegraben, da die eigenen Häuser ja nicht unterkellert waren. Hier ist auch noch ein kleines Stück Dorfgraben und damit eindrucksvolles Zeugnis des alten Dorfgrabens vorhanden. Was heute als Wildwuchs anmutet, gibt eine Ahnung davon, wie undurchdringlich früher ein Dorfgraben mit dornigem Gesträuch oder Gebück* war, aus dem sich dann auch noch die Ulmen oder Effen, ihren Weg ans Licht suchten. Durch die Straße An der Alten Pforte kommt der Besucher zum Ausgangspunkt zurück.

Führung: Ina Leisenheimer, KWB, Tel. 6701/7825
Text: Heike Sobotta

Der Spaziergang in Kürze

Start:
An der Alten Kelter
Länge:
2 km
Dauer:
1,5 Std.

Anfahrt:
Auto:
Autobahnkreuz Bingen A60/61, L416

Und außerdem:
- **Weindorf Museum**
  1. Mai – 3. Advent 14.30 – 17
  06727/8851 Horrweiler Heimatfreunde e.V., Rüdiger Menges

In der Umgebung
- **Ockenheim:** siehe Seite 82ff
- **Partenheim:** siehe Seite 86ff
- **Sprendlingen:** siehe Seite 102ff

Einkehrtipp:
- **Zum Horrweiler Hecht**
  Öffnungszeiten:
  Mo, Mi – Fr: 11 – 14, 17 – 22
  Sa 11 – 15, 17 – 22, So ab 11
  Tel. 06727/468

14. NACKENHEIM
Der Rhein als Lebensader

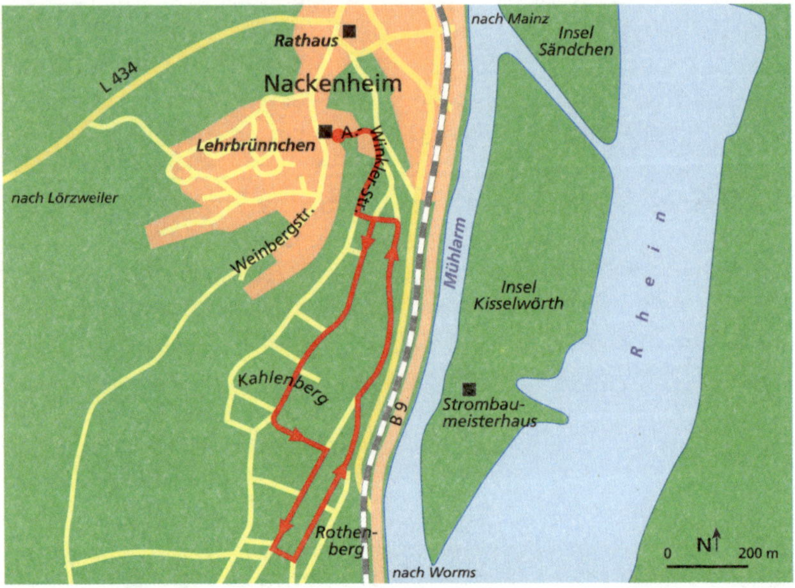

Von Flößen, Mühlen, Fischern und dem Leben am Rhein, damals und heute.

„Am Rhein geboren zu sein heißt, in der Fülle des Lebens zu stehen", schrieb Carl Zuckmayer (1896-1977), der größte Sohn Nackenheims. Die Freilichtaufführungen seiner Theaterstücke ziehen in den Sommermonaten immer noch viele Besucher in die Gemeinde.
Ein Besuch von „Nachheim", wie es in der ersten Dokumentation vom Kloster Lorsch aus dem Jahre 772 genannt wird, lohnt aber auch sonst. So lassen sich in Begleitung von Ilse Hees unbekannte Seiten des Rheins kennenlernen, denn die Kultur- und Weinbotschafterin sammelte über den Fluss Fakten, Daten, Begebenheiten und Geschichten. Dabei ist sie weder in Nackenheim geboren noch wohnt sie dort: „Aber ich habe Nackenheim beruflich kennen- und liebengelernt." Ihr Wissen vom Rhein präsentiert sie wohl dosiert, wenn man mit ihr, nein, nicht an den Rhein, sondern zuerst hinauf auf den Rothenberg wandert und hinunter auf Nackenheim und übers Land blickt. Die Wanderer werden mit reizvollen Aussichten auf das silb-

Blick vom Ehrenkreuz

rig glänzende Band des Altrheinarmes, auf die Inseln Sändchen und Kisselwörth und die dahinterliegende Fahrrinne des Rheins belohnt. Diese Kulisse macht sich Ilse Hees für ihren Rundgang zunutze. An ausgewählten Stellen hält sie in der Wanderung inne und beginnt zu erzählen, warum und wieso der große Strom seit Jahrtausenden das Leben und die Kultur an seinen Ufern prägt – so auch in Nackenheim. „Bevor die B9 ausgebaut wurde, hat man die Häuser von Nackenheim bis ans Wasser gebaut", weiß die Kultur- und Weinbotschafterin. Das ist heute anders.

Hinter dem Damm ist aber immer noch die Häuserreihe zu erkennen, die früher hauptsächlich vom „Rheinadel", d.h. den Schiffern, Fischern, Müllern und ihren Familien bewohnt wurde. Dort steht auch der beflaggte Schiffsmast, mit dem Nackenheim seine Verbundenheit mit dem Rhein zum Ausdruck bringt.

Dann startet Ilse Hees mit einem Exkurs weit zurück in die Vergangenheit, wenn sie von den Anfängen des heutigen Stroms berichtet, als sich Urrhein, Uroberrhein und Alpenrhein im Laufe von Millionen von Jahren allmählich zu einem Fluss zusammenfanden. Zug um Zug grub sich das Flussbett in die Landschaft, ein mäandernd schlängelndes Band, das sich mit jedem Hochwasser veränderte. Sie erzählt von Kelten und Römern, die sich hier wohl fühlten und den Rhein verehrten,

den Kämpfen um das fruchtbare Land und den Grenzkämpfen an der Wasserstraße überhaupt.
„Mein Lieblingsthema ist die Flößerei", gesteht die Gästeführerin und zeigt Fotos von historischen Flößen, die gefällte Bäume direkt im Wasser zu den Handelszentren transportierten. Eine gefährliche Fahrt, die oft wochen- manchmal monatelang dauerte. Die Stämme wurden am Oberrhein zusammengebunden und so ausgestattet, dass Menschen mit Tieren darauf leben konnten. Ilse Hees berichtet über den Handel am Rhein, erzählt von kleinen und großen Schiffen, speziellen Marktschiffen, den Zollstationen, die kräftig verdienen wollten, und was es mit dem Stapelrecht auf sich hat.

Hochzeitspaare Link auf dem Weg von der Insel Kisselwörth zum Traualtar.

Auch heute noch gibt der rund 1233 Kilometer lange Strom rund 45 000 Menschen Arbeit, den meisten davon auf den rund 7000 Schiffen, die zu Berg und zu Tal fahren, wie es fachmännisch statt flussaufwärts bzw. flussabwärts heißt. So bilden die Berufe, die am und mit dem Rhein ihr Auskommen hatten, ein spannendes Erzählband. Zu den ausgestorbenen Berufen gehören Müller, die die Rheinmühlen betrieben, Flößer, Schröter, Treidler, Nächler, die mit Post, Waren und anderen Nachrichten im Nachen von Insel zu Insel ruderten oder stakten, Wäscherinnen und Goldwäscher. „Es gibt heute noch eine Stelle, wo man Gold waschen kann", weiß Ilse Hees. Die Fischerei wurde bald nach dem Zweiten Weltkrieg eingestellt, als der Rhein durch die Industrialisierung verschmutzte. Heute stimmt die Wasserqualität wieder und Hobbyangler werfen ihre Leinen aus.
Natürlich thematisiert die Führung auch die Natur mit den Auen und den fruchtbaren Feldern. Ilse Hees berichtet von der Rheinbegradigung, die 1817 begann, dem Brückenbau und den Veränderungen durch die einsetzende Industrialisierung.
So erzählt sie zum Beispiel, dass vor der Rheinbegradigung Anfang des 19. Jahrhunderts auf der Höhe von Nackenheim vierzehn Inseln

Schiffsmühle in Schieflage bei Eisgang

im Rhein lagen, von denen zwölf zu Nackenheim gehörten. Mit den jetzt noch übrig gebliebenen beiden Inseln Sändchen und Kisselwörth fühlen sich die Nackenheimer sehr verbunden.
Die winterlichen Gefahren durch Treibeis gehörten genauso dazu wie die Winterfreuden mit Schlittschuhlaufen und Volksfeststimmung, wenn der Rhein richtig zugefroren war, wie im letzten Jahrhundert in den Jahren 1929, 1954, 1956 und 1962/63. Durch das Einleiten von Abwärme aus Wärmekraftwerken friert der Rhein jetzt nicht mehr zu.
Sie erzählt auch von Badeanstalten und den „Wäschebrüggelcher“, auf denen die Wäscherinnen ihre Wäsche mit Rheinwasser spülten: „Das letzte Spülwasser musste Rheinwasser sein, weil es so weich war.“
Spaziergänger können sich am Hang oberhalb von Nackenheim nicht verlaufen und gut die einzelnen Ebenen erkunden oder bis Nierstein wandern. Wer sich mit Ilse Hees auf den Weg macht, trifft sich mit ihr in der Weinbergstraße 50, direkt am Lehrbrünnchen, um dann durch die Adam-Winkler-Straße den Berg hoch zu laufen, am Forum Vinum entlang und dem Bergkreuz bis zur Aussichtsplattform am Ehrenkreuz. Der Weg windet sich am Hang entlang allmählich höher, verweilt auf dem Plateau, bis man einem Bogen folgt und allmählich den Rückweg antritt. Da es hier verschiedene gut ausgeschilderte Wege gibt, können sich Wanderer auch gut allein auf den Weg machen.
Der Weg über den Rothenberg und hinunter zum Rhein war früher übrigens als Salmpfad bekannt: Weil das Rheinufer direkt vor Nackenheim so sumpfig war, nahmen die Fischer diesen Umweg, um an den Rhein zu gelangen.

Führung: Ilse Hees, KWB, Tel. 06131/50 95 95
Text: Heike Sobotta

Der Spaziergang in Kürze

Start:
Weinbergstraße 50, am „Lehrbrünnchen“, Parkmöglichkeiten direkt dort oder 100m weiter auf dem Parkplatz der ehemaligen Kapselfabrik
Länge:
5 km
Dauer:
1,5 – 2 Std.

Anfahrt:
Auto:
B9
ÖPNV:
Züge im Halbstunden-Takt zwischen Mainz und Worms

Und außerdem:

- **Weinlehrpfad Nackenheim „Buttenmännjeweg“ mit Steinfiguren als Wegweiser,**
  5 km, 1,5 Std., Start: Durchgang Carl-Zuckmayer-Straße
- **Wanderweg Rothenberg**
- **Carl Zuckmayer Museum in Nackenheim**
- **Ortsmuseum**
  Kirchbergweg 2
  55299 Nackenheim
  Tel. 06135/5625

In der Umgebung

- **Nierstein und der Rote Hang:**
  siehe Seite 77ff
  Zornheim: siehe Seite 134ff

Einkehrtipp:

- **Restaurant und Weinstube**
  St. Gereon Carl-Zuckmayer-Platz 3
  55299 Nackenheim
  Tel. 06135/704590
  www.landhotel-st-gereon.com
- **Weinstube Zum Lehrbrünnchen**
  Weinbergstraße 49
  55299 Nackenheim
  Tel. 06135/2160

Nackenheimer Volksfest mit Ochs am Spieß auf dem zugefrorenen Rhein

Burgruine und Küchenschellen

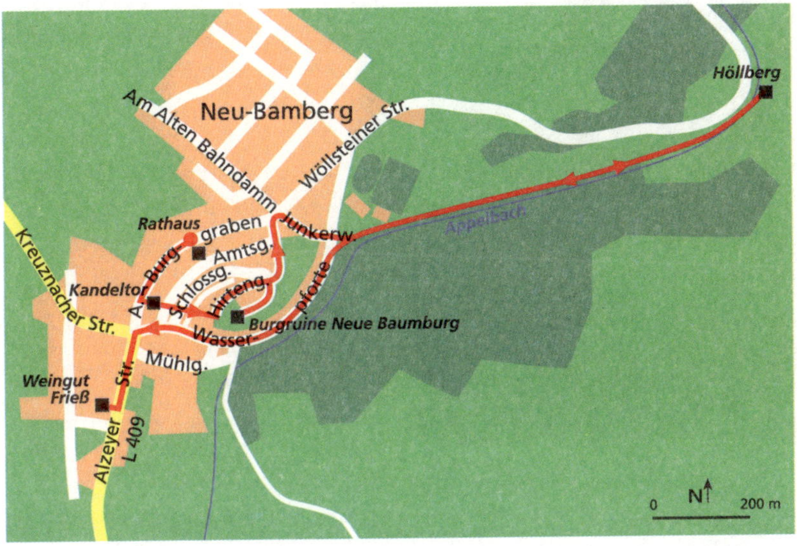

Rund 950 Einwohner leben in der idyllischen kleinen Gemeinde, die sich das Tor zur Rheinhessischen Schweiz nennt. Die Häuser ducken sich am Berg rund um die Ruine der Neuen Baumburg und begleiten noch ein Stück den Appelbach. Raugraf Rupprecht der Jüngere baute hier ab 1253 eine Burg und befahl Menschen zum Dienst in ihre Nähe. Andere siedelten hier, weil sie Schutz suchten. Von der stolzen Burg ist nur noch eine Ruine übrig; sie wurde im Pfälzischen Erbfolgekrieg (1688-1697) zerstört und erholte sich davon nicht mehr. Der Weg nach oben aber lohnt sich: Zum einen wegen der Aussicht ins Alsenztal und bis zum Donnersberg, zum anderen strahlt der Ort Ruhe aus und ist eine wahre Idylle.

In Neu-Bamberg kann sich niemand verlaufen, der allein durch den Ort bummelt. Zwei parallele Gassen, die Amtsgasse und die Hirtengasse, führen den Berg hoch zur Burgruine.

Die Führung mit Christel Höpfner beginnt in der Straße Am Burggraben vor dem barocken Rathaus, der ehemaligen kurmainzischen Amtsschaffnerei von 1720. Dort gibt es Parkplätze in ausreichender Menge. Sie führt ihre Gäste durch die Kandelpforte, einen mächtigen Torturm, der im 14. Jahrhundert gebaut wurde und als Einziger von

Die Kandelpforte (oben) und das älteste Gebäude, die evangelische Kirche

früher drei Toren der ehemaligen Ortsbefestigung erhalten ist, und dann die Hirtengasse hoch. Es geht, gemächlich ansteigend, vorbei an schönen Bürgerhäusern und fränkischen Hofreiten mit wunderbaren alten Türen. Nach wenigen Metern hält Christel Höpfner in der Hirtengasse vor dem Haus mit der Nummer 1 an, das im Hausfundament eingeschlossene, versteinerte Austern sehen lässt, die sie für einen Exkurs zur Entwicklung von 300 Millionen Jahren Erdgeschichte nutzt und auch, um etwas über die Steinbrüche zwischen Neu-Bamberg und Frei-Laubersheim zu erzählen, in denen das vulkanische Gestein Rhyolith abgebaut wird. Außerdem stellt sie die Weinlagen von Vogelsang und Heerkretz mit ihrem Terroir vor, die einen besonderen Riesling, Weiß- und Grauburgunder hervorbringen.

Danach geht es hoch zur Burgruine. Kurz vorher kommt man an der katholischen im neugotischen Stil erbauten Kirche St. Dionysius vorbei, die 1756 entstand und 1881/82 erweitert wurde. Ganz oben angekommen kann man von der Ruine aus in südlicher Richtung auch einen Blick auf die evangelische Kirche werfen, die außerhalb von Neu-Bamberg auf dem Friedhof gelegen ist. Sie ist das letzte Überbleibsel des untergegangenen Ortes Sarlesheim, der aufgeben wurde, als Neu-Bamberg entstand.

Wer sich abwärts für den Burgweg entscheidet, findet leicht den Weg in den Wald. Auch der Spaziergang mit der Kultur- und Wein-

Blck auf die Ruine der Neuen Baumburg mit der Kirche St. Dionysius

botschafterin Christel Höpfner mündet in diese grüne Lunge, die zum Höllberg führt. „Am schönsten ist es hier im Frühling, wenn die unter Naturschutz stehenden Küchenschellen blühen", findet sie. Aber eigentlich ist dieser Waldweg zu jeder Jahreszeit schön.
Dieser Waldspaziergang zu seltenen und geschützten Pflanzen der Magerrasenlandschaft ist ungemein beliebt, erfährt Christel Höpfner immer wieder. Der Rückweg führt durch die Wassergasse zum Abschluss ins Weingut Frieß in der Alzeyer Straße 21, wo man mit dem „Aqua vitis" vertraut gemacht wird. Das kosmetische Lebenswasser ist eine Spezialität der Winzerin aus gesammelten „Rebtränen". Darunter muss man sich den Pflanzensaft vorstellen, der beim Rückschnitt der Reben austritt und den Brigitte Frieß sammelt – ein schon im Mittelalter bekanntes Heilmittel.

Führung: Christel Höpfner, Kultur- und Weinbotschafterin, 06703/307357

Text: Heike Sobotta

Der Spaziergang in Kürze

Start:
Rathaus, Am Burggraben
Länge:
4 km
Dauer:
2 Std.

Anfahrt:
Auto:
L409

Das Rathaus, die ehemalige kurmainzische Amtsschaffnerei von 1720

Und außerdem:

- **Wanderung nach Wöllstein durch das Appelbachtal**
  Länge 4,5 km, Start: Briefkasten in der Straße Am Burggraben
- **Vogellehrpfad „Im Tälchen"**
  Start: Briefkasten in der Straße Am Burggraben

In der Umgebung:

- **Wonsheim:** siehe Seite 129ff
- **Frei Laubersheim:** s. Seite 52ff

Einkehrtipp:

- **Sommergaststätte „Zur Junkermühle"**
  Richard Schloßstein
  55546 Neu-Bamberg
  Tel. 06703/1037
  Öffnungszeiten:
  Ostern – Oktober, Mo – So: ab 17, So + Fei: ab 10
  www.junkermuehle.net
- **Gaststätte Loni Sommer**
  Wasserpforte 34
  55546 Neu-Bamberg
  Tel. 06703/2782
  Öffnungszeiten:
  Mo, Mi – Fr ab 17, So + Fei ab 10
- **Weingut Frieß**
  Alzeyer Straße 21
  55546 Neu-Bamberg
  Tel. 06703/960150
  www.weingut-friess.de
  Hoffest am 3. Wochenende im August, immer beim Autofreien Appelbachtal

Pflanzen der Neu-Bamberger Heide

Die Neu-Bamberger Heide am Galgenberg, eine so genannte Quarz-Porphyr-Heide, ist eine große Besonderheit: Auf dem sauren, wasserdurchlässigen Gestein wachsen, begünstigt durch das regenarme Klima, Felsenbirne, Zwergmispel, Salomonssiegel, Küchenschelle, Federgras, Pfeil- und Sandginster, Holunder-Orchis, Adonisröschen und das letzte Felsenfingerkraut in Rheinhessen.

NIERSTEIN 16.

Rotliegendes, Fossilien und ein Jugendstil-Kelterhaus

Blick vom Roten Hang in Richtung Nierstein

Der Rote Hang in Nierstein ist selbst in der vielfältigen Weinkulturlandschaft Rheinhessens etwas ganz Besonderes. Sein Name bezieht sich auf das hier zutage tretende Rotliegende-Gestein aus Sandstein, Tonstein und Eisen. Dieser Boden sorgt für weltbekannte Weinlagen und Höchstleistungen beim Riesling. Aber auch die Aussicht bis in den Odenwald und nach Frankfurt entschädigt bei dieser Tour für eine kleine Steigung zu Beginn. Für die Kultur- und Weinbotschafter in Nierstein gehört ein Spaziergang zum Roten Hang zum festen Repertoire der Treffpunkte mittwochs um 18 Uhr.

Der Ausflug startet am Marktplatz in Nierstein. Hier erzählen die Straßennamen und Fachwerkhäuser von einer langen mittelalterlichen Geschichte. Das beginnt sofort mit dem Durchschreiten des Saalpförtchens, denn Nierstein war früher ein freies Reichsdorf, in dem ein karolingischer Königshof stand. Seine erste Erwähnung findet der Ort 742 unter dem fränkischen Hausmeier Karlmann. Am Ende des Saalpförtchens wandert die Gruppe nach rechts in die

Straße „Hinterm Saal“ weiter und orientiert sich dann nach links. Vorbei am Weinlehrpfad an der sogenannten „Kleinen Steige“, geht es leicht bergan. Eine Steigung, die bald darauf am Kelterhäuschen endet. Hier oben hat man nicht nur einen wunderbaren Blick auf den Rhein, hier beginnt parallel zum Fluss auch die geführte Zeitreise in die Urzeit von Perm und Rotliegend. Nach gut 500 Metern liegt ein Stück Hang frei, sind die schieferartigen Platten zu sehen und können angefasst werden. Hier lassen die Kultur- und Weinführer die Erdgeschichte lebendig werden. „Stellen Sie sich vor, es herrscht heißes, halbwüstenartiges Klima und es sieht so ähnlich aus, wie heute in Death Valley in den USA“, weckt Barbara Reif Assoziationen.
Denn der Rote Hang oberhalb von Nierstein ist einzigartig. Warum? Durch die rote Färbung der Gesteinsformation, die hier zu sehen ist. Diese geologische Besonderheit ist in Rheinhessen nur zwischen dem nördlichen Ende von Nackenheim über Nierstein bis nach Schwabsburg im Westen sichtbar. Andernorts liegt diese rote Gesteinsschicht tief versteckt in der Erde und zwar so tief, dass sie auch von den Rebwurzeln nicht erreicht wird. Das Gestein entstand vor 270 bis 290 Millionen Jahren im Zeitalter des Rotliegenden, einer Unterteilung des Perm, das Geologen ab 250 Millionen Jahren einstufen. Heute bildet diese rote Mischung aus Sandstein, mineralstoffreichem Tonstein und Eisenspuren ein seltenes Fenster in die Erdgeschichte. Es ist Schatzkiste besonderer Fossilienfunde und zugleich Nährboden für einen besonderen Wein. „Mittwochs endet der Rundgang mit einem Glas Riesling“, erklärt Barbara Reif entsprechend, „denn der Riesling vom Roten Hang ist etwas Besonderes. Er schmeckt völlig anders als die anderen Rieslinge, denn in ihm vereinigen sich die Mineralstoffe der Geologie zusammen mit Lage und Klima zu einem einzigartigen Terroir. Das ist mit allen Sinnen zu erleben“. Eine Aussage, die Gäste überzeugt bestätigen.
Während der gut einstündigen Wanderung auf den bequemen Wegen, reist man mit allen Sinnen bis tief in die Urzeit. Mit eigenen Augen sieht man die Schichtung des Bodens. Man fühlt sie, wenn man darüber streicht oder die Fossilienfunde in der Hand hält, die die Botschafterin als Anschauungsmaterial dabei hat. Sie erzählt, wie sich die Landschaft im Laufe der Jahrmillionen von der Wüstenei in die heutige Kulturlandschaft verwandelte. Außerdem erklärt Barbara Reif wissbegierigen Gästen gerne die Pflanzen, die je nach Jahreszeit den Weg säumen: Knoblauchsrauke, Echte Kamille, Wer-

Blick in Richtung Nackenheim

mut, Zypressen-Wolfsmilch, Malve, Schafgarbe, Ackerwinde und Pastinake sind nur einige der Kräuter-, Wild- und Kulturpflanzen am Wegesrand. „Zum Teil sind sie schon in der Bibel genannt“, weiß Barbara Reif.

Der Weg parallel zum Rhein durch die offene Landschaft bietet einen atemberaubenden Blick auf die Landschaft zu Füßen des Roten Hangs. Bei klarem Wetter sieht man weit über das Land bis in den Odenwald und zur typischen Skyline von Frankfurt. An der nächsten Wegkreuzung biegen die Mittwochswanderer zum kleinen Rundgang nach links ab, genießen den Blick in die westliche Richtung bis zum Wartturm, einem mittelalterlichen Signalturm aus dem 12. Jahrhundert. Der fast zehn Meter hohe Turm oberhalb der kleinen Steige ist zudem das Wahrzeichen von Nierstein. „Ich habe den Schlüssel für den Turm immer dabei“, verrät Barbara Reif. Nach dem Besuch der Aussichtsplattform macht sich die Gruppe auf den Rückweg.

Auch wenn eine spezielle Rote-Hang-Beschilderung bisher fehlt, der Rundgang ist leicht zu finden, die Wege sind gut befestigt. „Man kann sich hier nicht verlaufen“, ist sich Barbara Reif sicher. So lädt der Rote Hang jederzeit dazu ein, sich auch auf eigene Faust auf den Weg zu machen, und dabei nicht nur die einzelnen Etagen oberhalb von Nierstein zu erkunden, sondern die Strecke auszudehnen, entweder von Nierstein nach Nackenheim und zurück oder umgekehrt

entlang des alten Rheinhöhenwegs von einem Endpunkt zum anderen zu wandern. Wer nicht an eine Einkehr denkt, mag vielleicht in Schwabsburg den Turm der ehemaligen Burg, die in der Stauferzeit erbaut worden war, oder in Nackenheim das Carl-Zuckmayer-Museum besichtigen. Von Nackenheim nach Nierstein fährt zudem ein Zug im Halbstundentakt.
In Nierstein kann man sich geführt von Barbara Reif, aber auch allein mit Hilfe eines Faltblatts aus dem Touristikbüro oder den ausgedruckten Infos vom Geschichtsverein auf mittelalterliche Spurensuche begeben. Sehr sehenswert ist hier zudem das paläontologische Museum. Es wird von den Hobbyforschern Arnulf und Harald Stapf liebevoll gepflegt uns genießt aufgrund seiner Unikate und anderer seltener Fundstücke in der internationalen Fachwelt einen ausgezeichneten Ruf. Jugendstil-Fans geraten bei der Besichtigung des Kelterhauses im Weingut der Familie Schuch ins Schwärmen. Sie wurde 1907 im Darmstädter Jugendstil erbaut und ist ein wahres Kleinod, da viele Details noch im Original erhalten sind.

Führung: Barbara Reif, KWB, Weinküferin
Tel. 06133/927667, www.wein-begegnet-kultur.de
Text: Heike Sobotta

Der Spaziergang in Kürze

Start:
Marktplatz Nierstein
Länge:
ca. 2 km
Dauer:
ca. 1,5 Std.

Anfahrt:
Auto:
B9 nach Nierstein. Marktplatz und Parkplätze im Ortsbereich sind ausgeschildert.
ÖPNV:
Bahnhof Nierstein, Fußweg zum Marktplatz

Und außerdem:

- **Paläontologisches Museum Nierstein**
  Marktplatz 1
  55283 Nierstein
  Tel. 06133/609462,
  www.museum-nierstein.de
  Öffnungszeiten:
  So 11 – 16
- **Jugendstil-Kelterhaus im Weingut Geschwister Schuch**
  Oberdorfstraße 22
  55283 Nierstein
  Tel. 06133/5652 o. 58531
  www.weingut-geschwister-schuch.de
  Besuch nach Anmeldung unter
  Tel. 06133/5652

- **Touristikbüro**
  Bildstockstr. 10
  55283 Nierstein
  Tel. 06133/960-500
  Öffnungszeiten:
  Mo, Di, Do 9 – 12.30,
  14 – 18, Fr 9 – 12
- **Gratwanderung:**
  April – Oktober, immer am 2. Sonntag: geführte Wanderung am Roten Hang mit kommentierter Weinprobe
  Treffpunkt: 15 h Marktplatz Nierstein, 15 €
  www.roter-hang.de
  www.kultur-und-weinbotschafter-rheinhessen.de

In der Umgebung

- **Nackenheim:**
  Carl-Zuckmayer-Museum im alten Ortskern, Carl-Zuckmayer-Gesellschaft
  Postfach 33
  55297 Nackenheim
  Tel/Fax: 06135/8538
  telefonisch erreichbar:
  Di 10 – 12, Do 17 – 19
  www.carl-zuckmayer.de
- **Ruine Schwabsburg und Weinbaudorf Schwabsburg**

Einkehrtipps:

- Hotel und Weinstube
  „Alter Vater Rhein“
  Große Fischergasse 4
  55283 Nierstein
  Tel. 06133/5628
  www.alter-vater-rhein.de
  Öffnungszeiten:
  Mo, Fr 17.30 – 21, Di, Mi, Sa, So 12 – 14, 17.30 – 21, Do Ruhetag
- **Gutsschänke Heise Am Kranzberg**
  Karolinger Straße 15
  55283 Nierstein
  Tel. 06133/5587
  www.heise-am-kranzberg.de
  Öffnungszeiten:
  März – Okt. und nach Vereinbarung: Fr ab 18, Sa, So ab 15; Sa wird um Reservierung gebeten
- **Winzercafé Kopp „Sternenfelserhof“**
  Oberdorfstraße 16
  55283 Nierstein
  Tel. 06133/92 55 50
  www.sternenfelserhof.de
  Öffnungszeiten:
  Sept. – Mai: Sa + So 14 – 18; Sommermonate: Fr, Sa 14 – 18 und auf Anfrage

Ackerwinde am Roten Hang

Jugendstil Kelterhaus

17. OCKENHEIM

Das Kloster Jakobsberg, viel Geschichte und blendende Aussichten

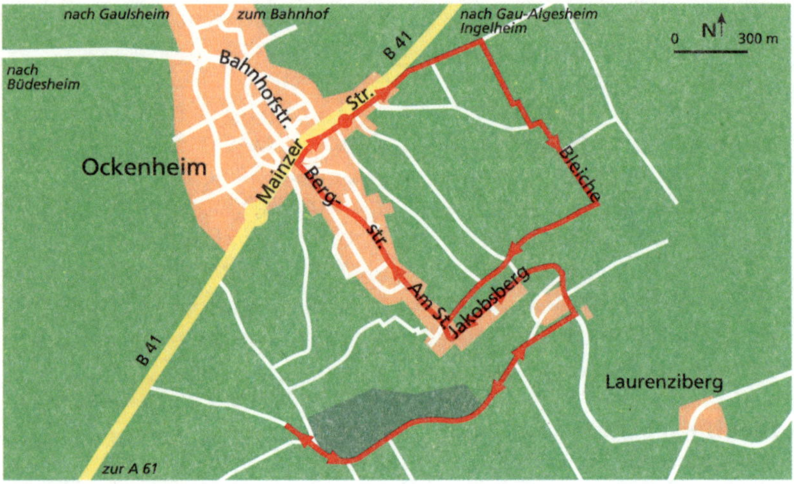

Der Kultur- und Weinbotschafter Horst Dorée hat sich eine besondere Tour ausgedacht, eine, bei der auch alle, die nicht so gut zu Fuß sind, auf ihre Kosten kommen und landschaftliches Erleben und Natur pur in vollen Zügen genießen können. Denn er holt seine Gäste mit der Bimmelbahn ab, und zwar mitten in Ockenheim, auf dem Parkplatz „Die Bleiche“, der an der B41 liegt, die quer durch den Ort mit seinen rund 2500 Einwohnern führt. Aber Bähnchen und Landschaft machen diese Erlebnistour nicht allein so unverwechselbar. Schon die Begrüßung mit einem Glas Secco stimmt den Weinliebhaber auf elegante Gewächse der Region ein, die unterwegs noch an zwei weiteren Stationen Zunge und Gaumen erfreuen. Und zwar immer dort, wo die Aussicht auf die Landschaft besonders beeindruckend ist. Die dritte Zutat dieser Rundfahrt ist das immense Wissen um geschichtliche und geologische Zusammenhänge, die Horst Dorée in wohl dosierten Häppchen serviert. „Ich mag es, wenn die Leute nach dem Warum fragen“, bekennt der Gästeführer, der zu späterer Stunde auch sein schauspielerisches Talent für kurze Momente ans Licht holt, wenn er erklärt, wer die Rheinhessen sind: Hessen? Franken? Rheinfranken? Die keineswegs eindeutige Antwort packt er in ein Zuckmayer-Zitat.
Während das Bähnchen die Weinlagen am Jakobsberg erklimmt, erzählt der Gästeführer vom Wiener Kongress und wie daraus 1816

Rheinhessen entstand. Er lenkt den Blick auf die Bodenbeschaffenheit, die den Jakobsberg an einigen Stellen förmlich abbrechen lässt, erklärt das Entstehen des Mainzer Beckens, er lenkt die Blicke aber auch in die Region, zum Rochusberg und darüber hinaus zur Germania auf der anderen Rheinseite, zu Schloss Johannisberg und dem Kloster Eibingen. Er berichtet über Napoleon, die Entwicklungen der Napoleonzeit und ihre Folgen für die Region: wie mit dem Code civil eine moderne Verwaltungsreform mit einer neuen Kantonseinteilung, der Zusicherung von Gewerbefreiheit, der Gleichstellung der Juden u.v.a.m. geschaffen wurde.
Oben auf dem 265 Meter hohen Jakobsberg angekommen, erzählt Horst Dorée etwas von der langen Siedlungsgeschichte des Jakobsbergs: Funde von Haus- und Arbeitsgeräten, die im Heimatmuseum Ockenheim aufbewahrt werden, lassen eine Besiedlung bereits 4000 v. Chr. vermuten. Seit 1922 gibt es auf dem Jakobsberg auch ein Kloster, in dem seit 1961 Mönche der Missionsbenediktiner von St. Ottilien und seit 2008 benediktinische Schwestern der Congregation of Benedictine Sisters of the Eucharistic King (Philippinen) leben. Zunächst aber wird mit allen Interessierten die 1861 erbaute neoromanische Wallfahrtskirche besichtigt, in der seit dem 18. Jahrhundert die Vierzehn heiligen Nothelfer verehrt werden. Er zeigt seinen Gästen

Die Wallfahrtskirche auf dem Jakobsberg

Der Eingang zur Weinlaube mit 170 Rebsorten

auch die Weinlaube mit den 170 verschiedenen Rebsorten, bevor die Fahrt über das Plateau zur Anlage rund um das Friedenskreuz geht. Auf diesem Teil der Strecke gibt es einige der schönsten Aussichten ins Rhein- und Nahetal und bis zum Binger Loch hin im Westen. Hier findet die dritte Weinprobe statt, bevor das Bähnchen gemütlich an den Anfangspunkt zurückzuckelt.

Wer gut zu Fuß ist, kann den sechs Kilometer langen ausgeschilderten Rundwanderweg von der Ortsmitte in Ockenheim hoch auf den Jakobsberg und wieder zurück auch erwandern. Mit dem Bähnchen wird er nur bergwärts leicht abgewandelt, damit die geologischen Gegebenheiten am Jakobsberg deutlicher hervortreten. „Ich wandere den Weg auch gerne mit, wenn es gewünscht wird“, erklärt Horst Dorée. Aber er bevorzugt die Variante mit der kleinen Bimmelbahn – die Atmosphäre ist netter.

Führung: Horst Dorée, KWB, 06725/2749

Text: Heike Sobotta

Der Spaziergang in Kürze

Start:
Mainzer Straße (B41), Parkplatz „Die Bleiche" an der Fußgängerampel
Länge:
6 km
Dauer:
2,5 – 3 Std.

Anfahrt:
Auto:
B41
ÖPNV:
Bahn Mainz-Bingen, Bahnhof Gau-Algesheim

Und außerdem:

- **Heimatmuseum in Ockenheim**
  Mainzer Straße 67
  55437 Ockenheim
  Öffnungszeiten:
  März-Oktober: 1. u. 3. Sonntag 14 – 17
  Tel. 06725/1440 o. 1899
- **„Rheinische Madonna, die Ockenheimerin"**, in der kath. Pfarrkirche St. Peter und Paul
- **350-jährige, mächtige Kastanie** am Eingang zum Friedhof
- **Rundwanderwege Ockenheim am St. Jakobsberg**, drei Routen mit 6 km, 3 km und 2,4km Länge, Start am Parkplatz „Die Bleiche"

In der Umgebung:

- **Horrweiler** siehe Seite 64ff
- **Schwabenheim** siehe Seite 98ff
- **Partenheim** siehe Seite 86ff

Einkehrtipp:

- **Speisegaststätte„Am Bahnhof"**
  Am Bahnhof 1
  55437 Ockenheim
  Tel. 06725/2392
- **Gasthaus Zur Krone**
  Mainzer Straße 44
  55437 Ockenheim
  Tel. 06725/300560
- **Straußwirtschaft „Feser"**
  Bahnhofstraße 16
  55437 Ockenheim
  Tel. 06725/5104
  Öffnungszeiten:
  Feb. –Juli
  Fr, Sa ab 18, So + Fei ab 16
- **Straußwirtschaft Münchhof**
  Bergstraße 14
  55437 Ockenheim
  Tel. 06725/3542
  Öffnungszeiten:
  April – Juni, Sept + Okt
  Fr, Sa ab 18, So + Fei ab 16
- **Winzerhalle Ockenheim**
  Mainzer Straße
  55437 Ockenheim
  Tel. 06725/9563
  Öffnungszeiten:
  Mi – Mo: 11.30 – 14.15, 17 – 21.45
  www.winzerhalle.de

18. PARTENHEIM

Drei Schlösser und viel Mittelalterliches

Ehemaliges Pfarrhaus

Die „Adligen" Hans Reinhard von Wallbrunn, Philipp von Partenheim und andere historische Personen lassen das Schicksal des ritterlichen Dorfes Partenheim auf besondere Art und Weise lebendig werden.

Siedlungsspuren in Partenheim reichen bis 4000 v. Chr. zurück in die Steinzeit. Aber auch Bronze- und Eisenzeit sowie die Römer hinterließen ihre Spuren. Die ersten Franken siedelten im 5. Jahrhundert in der Gegend, die erste urkundliche Erwähnung ist auf das Jahr 757 datiert und dementsprechend feierte die heute rund 1600 Einwohner zählende Gemeinde 2007 ihr 1250-jähriges Jubiläum. Wer heute die rheinhessische Weinbaugemeinde Partenheim besucht, dem begegnet auf Schritt und Tritt Mittelalterliches, denn die früher hier ansässigen Adelsgeschlechter hinterließen jede Menge bauliche Zeugnisse. Im Laufe der Jahrhunderte entstanden gleich drei Schlösser im alten Ortskern. Das stattliche Schloss Wallbrunn und der Wamboldsche Hof sind zwar leicht zu finden, aber nicht zu besichtigen. Schloss Wall-

brunn befindet sich in Privatbesitz und im Barockbau Wambolder Hof ist das evangelische Pfarrhaus untergebracht. Die Überreste des Freihofs zu Partenheim, des dritten Schlosses, liegen versteckt und sind nur mithilfe der Kultur- und Weinbotschafter zu besichtigen.
Martina Kästel-Nehrbaß-Ahles und Reinhard Oehler zeigen im Laufe ihres Rundgangs nicht nur die Schlösser, sondern auch die anderen Kleinode des Ortes. Dazu schlüpfen sie in historische Kostüme und entsprechende Rollen. So nehmen sie ihre Gäste auf ganz individuelle Weise mit ins Mittelalter und in die Zeit der Renaissance.
„Seid gegrüßt, edle Damen und tapfere Recken, kleine Edelfräulein und Knappen. Hattet Ihr eine sichere Reise ohne Räuber und Gesindel?“, begrüßt „Freiherr Philipp von Partenheim“, Ortsherr und Begründer des Dorfes, alias Martina Kästel-Nehrbaß-Ahles, die Teilnehmer des Spaziergangs. Ihm gehörten zwei Drittel des Ortes, das restliche Drittel des Lehens der Kur Trier in Mainz gehörte „Hans Reinhard von Wallbrunn“. Ihm leiht Reinhard Oehler Körper und Stimme. Ihre Führung startet an der Sankt-Georgen-Halle am Sportplatz. Von dort geht es ein kleines Stück durch die Vordergasse und dann gleich links in den Schwarzer-Mann-Graben; weiter durch die Schmiedgasse, vorbei am ummauerten Schlossgarten zur Weed, dem ehemaligen Löschweiher am Ortsrand, der wohl auch zu rituellen Waschungen diente, da hier früher auch die Synagoge stand. Weiter führt der Rundgang in die Vordergasse 46 zum Wambolder Hof, dem heutigen Pfarrhaus.

Evangelische Kirche St. Peter

Ein paar Meter weiter, dort wo die Gaßpforte in die Vordergasse mündet, erfährt der Gast etwas über die einstigen Zugänge zum Dorf, die drei Pforten. Die Gästeführer berichten vom Gebück, dem undurchdringlichen Geflecht von Brombeerhecken und Hainbuchen, das das ganze Dorf früher sicherte und dem auch noch ein Bachgraben vorgelagert war. Insgesamt liegen die Sehenswürdigkeiten von Partenheim nah beieinander, denn kurz vor der Kirche ragt das Schloss der Herren von Wallbrunn in die

Höhe, dessen Südflügel sich mitten in einer aufwendigen Renovierungsphase befindet, die noch mehrere Jahre andauern wird. Einst als fränkische Hofanlage gebaut, wurde es erweitert und umgebaut. Heute ist es eine dreigeschossige Anlage um einen Rechteckhof. Um zur spätgotischen evangelischen Kirche zu gelangen, muss man nur eine Gasse überqueren. Hier erfahren die Besucher einiges zum Begriff „Herrenkirche" und bestaunen die wieder freigelegten Wand- und Deckenmalereien sowie die Maßwerkfenster, die erhalten geblieben sind. Leichte Schauer rieseln wenig später über ihre Rücken, wenn wie aus dem Nichts auf einmal der „Pestarzt" im Chorraum auftaucht und von unzähligen Menschen erzählt, die im Laufe mehrerer Pestepidemien vor und während des Dreißigjährigen Krieges starben, und von weiteren Todesopfern Ende des 18. Jahrhunderts durch das „hitzige Fieber". Diese Heimsuchungen stehen im krassen Gegensatz zum „Hostienwunder", das ein Kirchenbrand Partenheim 1435 bescherte. Nur die Hostien hätten den Brand überstanden, erzählt die Legende. Das lockte über viele Jahre zahlreiche Pilger in den Ort.
„Reinhard von Wallbrunn" erzählt während des Ganges gerne die gruseligen Geschichten, die sich um die schauerlichen Straßennamen „Schwarzer Manns Graben" und „Henkersplatz" ranken. Er berichtet aber auch vom jüdischen Partenheim, von der Trunksucht des letzten Grafen Wallbrunn und weshalb noch heute in Partenheim am dritten Pfingsttag kräftig mit Eierwein gefeiert wird. „Die Freiwillige Feuerwehr, beziehungsweise Bürgergarde, war und ist nicht so ganz freiwillig. Vielmehr werden an diesem Tag die ‚Freiwilligen' Punkt 12 Uhr verpflichtet". Das sind die jungen unverheirateten Männer unter 35 Jahren.
Der krönende Abschluss des Rundgangs findet im Weingut Nehrbaß-Ahles, ebenfalls in der Vordergasse gelegen, statt. Denn hier gibt es am Ende nicht nur das obligate Glas Wein, hier zeigt die „Freifrau zu Partenheim" Teile ihres Schlosses, einen Teil des Wehrturms und ein Portal aus der Renaissance mit Originalmalereien, das die Familie bei der Renovierung ihres Hauses entdeckte und sorgfältig restaurierte.

Führung: Martina Kästel-Nehrbaß-Ahles, KWB, 06732/8811 und
Reinhard Oehler, KWB, 06732/960574
Text: Heike Sobotta

Der Spaziergang in Kürze

Start:
Am Sportplatz, Sankt-Georgen-Halle, hier auch Parkplätze
Länge:
ca. 1,5 km
Dauer:
ca. 2 Std.

Anfahrt:
Auto:
L 413
ÖPNV:
ORN Linie 650, teilweise MVG Linie 71

Und außerdem:

- **Rundwanderweg:** Biblischer Weinpfad, Länge ca. 8 km, gute Beschilderung; Start: Friedhof

Umgebung:

- **Horrweiler:** siehe Seite 68ff
- **Saulheim:** siehe Seite 94ff
- **Sprendlingen:** siehe Seite 102ff

Einkehrtipp:

- **Gutsschänke „Am Weiher“**
  Am Weiher 28
  55288 Partenheim
  Tel. 06732/1289,
  www.weingut-adam.de
  Öffnungszeiten:
  Fr, Sa ab 18, So + Fei ab 12, ab 16
- **Gutsschänke „Schwalbenhof“**
  Vordergasse 15
  55288 Partenheim
  Tel. 06732/5882
  www.weingut-schwalbenhof.de
  Öffnungszeiten:
  Fr + Sa ab 18, So ab 11.30
- **Gutsschänke „Schweizerhof“**
  Bahnhofstr.7
  55288 Partenheim
  Tel. 06732/63689
  Öffnungszeiten:
  Fr, Sa ab 18, So ab 16 Uhr

Relief mit Abbildung des sogenannten Hostienwunders

19. ROMMERSHEIM
Ein verschwundener Ort und seine Geschichte

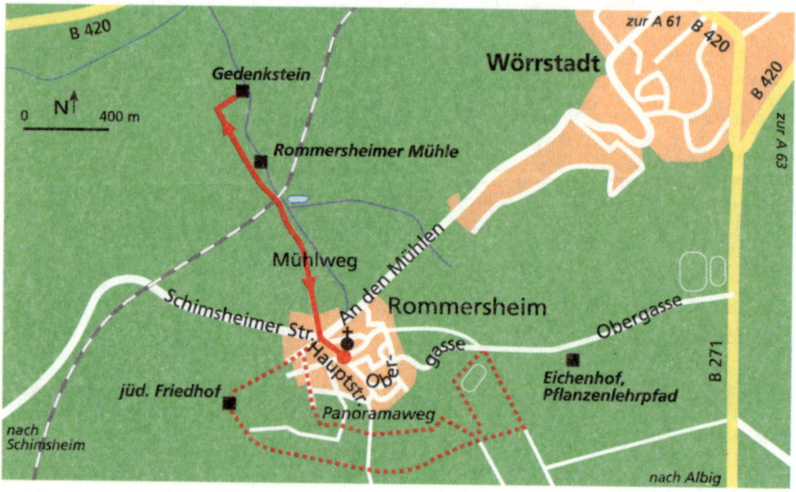

Seit 1970 ist das rund 700 Einwohner zählende Rommersheim ein Stadtteil von Wörrstadt und Teil der gleichnamigen Verbandsgemeinde. Eigentlich hieß der Ort früher Eichloch. „Das klingt wenig vornehm, wenn es rhoihessisch ausgesprochen wird", erklärt Kultur- und Weinbotschafter Klaus Ullmer. Und so erhielt die Gemeinde am 15. Januar 1931 den Namen Rommersheim. Weshalb ausgerechnet diesen Namen?
Nur wenige Hundert Meter vom heutigen Rommersheim entfernt gab es früher in der Gemarkung ein Dorf mit diesem Namen, zu dem auch das Kloster Altmünster gehörte. Das Kloster wurde 1781 aufgelöst und irgendwann zogen auch alle Bewohner weg und dieses Dorf blieb verwaist zurück. Ob der Dreißigjährige Krieg, die Pest, Wassermangel, vergiftetes Brunnenwasser oder die Franzosen am Untergang des ehemaligen Rommersheim Schuld tragen, ist ungeklärt. Was man jedoch kennt, sind seine Lage und die Ausdehnungen der ehemaligen Ansiedlung.
Wer sich gerne auf Spurensuche begibt, ist bei Klaus Ullmer an der richtigen Stelle. Bevor sich Interessierte mit ihm auf eine überschaubare Wanderung in die Gemarkung begeben, um die Lage des ehemaligen Rommersheim vor Ort auf sich wirken zu lassen, zeigt er die Kopie einer Karte des Kurmainzer Kartographen Gottfried Mascop

Gedenkstein für die Marienkapelle

aus dem Jahr 1577, die er aus dem Würzburger Stadtarchiv erhielt. Sie markiert die Lage der Orte, das verlassene „Rumersheim" und Eichloch. Demnach lag der Ort im südwestlichen Teil der Gemarkung Sulzheim. Dort stand die Rommersheimer Mühle. Das belegt eine Tauschurkunde der Äbtissin Sophie aus dem Kloster Altmünster. Die ehemalige Mühle wurde in ein Wohnhaus umgewandelt. Schon die Römer fanden diesen Platz zum Wohnen offensichtlich ideal; belegt wird dies durch die Fundamente einer römischen Villa rustica an ebendieser Stelle. Auch keltische Spuren sind nachgewiesen. „Hier führte eine Holzstraße der Kelten vorbei", weiß Klaus Ullmer zu berichten. An das einstige Kloster Altmünster erinnert heute noch ein Gedenkstein. Er ist das Ziel und zugleich der Wendepunkt der Wanderung durch ein liebliches Stück Rheinhessen.

Treffpunkt zur Wanderung ist das Weingut von Klaus Ullmer in der Hauptstraße. Hier finden sich ringsum ausreichend Parkmöglichkeiten. Der Weg ist in dem kleinen Ort leicht zu finden, führt er doch aus dem Weingut heraus, einfach den Mühlweg hinunter bis zu diesem Gedenkstein.

Das Auge Gottes in der evangelischen Kirche

Nach der Rückkehr in die Gegenwart und ins heutige Rommersheim nimmt der Gästeführer seine Besucher zum Abschluss noch mit in die evangelische Kirche, die 1733-51 erbaut wurde und ebenfalls in der Hauptstraße steht. Ihr Vorgängerbau wird zum ersten Mal 824 in einer Schenkungsurkunde von Karl dem Großen an das Kloster Hersfeld erwähnt. „Es gibt nur wenige evangelische Kirchen mit einem Auge Gottes", weist Klaus Ullmer

Die Sumpfeiche vor der evangelischen Kirche; im Hintergrund das barocke Rathaus

auf eine Besonderheit im Inneren der Kirche hin. Dabei handelt es sich um ein von einem Strahlenkranz umgebenes Auge, das meist von einem Dreieck umschlossen ist (s. S. 93). In der Rommersheimer evangelischen Kirche ist es über dem Altar an der Decke angebracht. Der Schlüssel zur Kirche ist auch für Individualbesucher bei Klaus Ullmer erhältlich.

Neben der Kirche steht das älteste Gebäude von Rommersheim, das barocke, um 1700 erbaute ehemalige Rathaus mit einem Fachwerkobergeschoss und überdachter, seitlich angebrachter Freitreppe, das heute privat genutzt wird. Eine 1871 gepflanzte Friedenseiche, eine Sumpfeiche, vervollständigt das Ensemble. Eine Sumpfeiche deshalb, weil die Kirche auf wasserreichem Areal steht und sich die Weed, der Teich, der auch zur Tiertränke genutzt wurde, früher direkt an der Kirchenmauer entlangzog. Die Kirche hatte immer mit dem feuchten Untergrund zu kämpfen und musste später sogar durch einen Ringanker gesichert werden.

Führung: Klaus Ullmer, KWB, Tel. 06732/61179
Text: Heike Sobotta

Der Spaziergang in Kürze

Start:
Weingut Ullmer, Hauptstraße 5
Länge:
3 km
Dauer:
1 - 1,5 Std.

Anfahrt:
Auto:
A63, Ausfahrt Gau-Bickelheim, L407
ÖPNV:
nicht empfehlenswert

Und außerdem:

- **Jüdischer Friedhof oberhalb von Rommersheim am Armsheimer Weg**
- **Panoramaweg nach Wörrstadt und zurück**
  8 km; Ausgangspunkt ist die Turn- und Sängerhalle an der Hauptstraße/Ecke Schimbsheimer Straße
- **5 mit Quellwasser gespeiste Brunnenanlagen**
- **Eichenhof:**
  Pflanzenpfad mit 30 Rote-Liste-Arten

In der Umgebung:

- **Jakobspilgerweg**
  Pilgerstempel im Weingut Ullmer erhältlich

Einkehrtipp:

- **Gutsschänke „Im Woifässje"**
  Hauptstraße 5
  55286 Rommersheim
  Tel. 06732/61179
  www.weingutullmer.de
  Öffnungszeiten:
  Fr + Sa ab 18
  So ab 17

Das Auge der Vorsehung
Das Auge der Vorsehung (auch Allsehendes Auge, Auge Gottes) ist ein Symbol, welches gewöhnlich als das alle Geheimnisse durchdringende Allsehende Auge Gottes interpretiert wird und den Menschen an die ewige Wachsamkeit Gottes mahnen soll. Dargestellt wird es als ein von einem Strahlenkranz umgebenes Auge und ist meist von einem Dreieck umschlossen.

20. SAULHEIM

Von Wirtsleuten, Auswanderern und Pferdehändlern

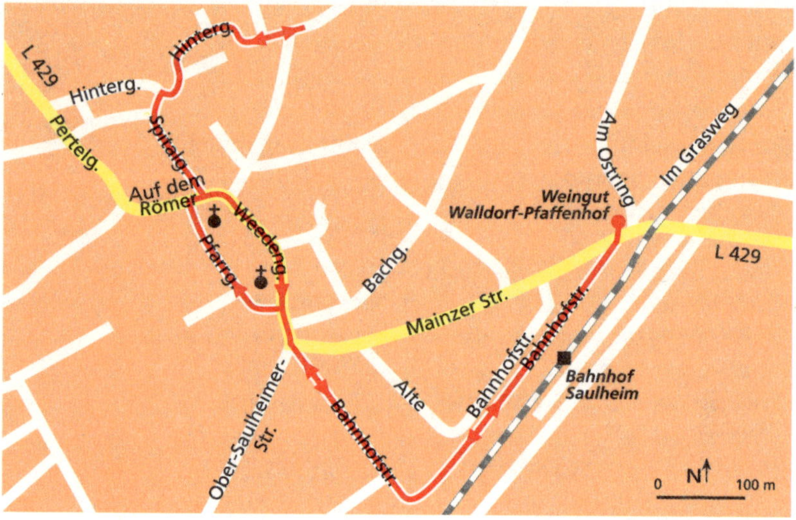

Zwei Kirchen auf einem Grundstück und eine Jugendstil-Sängerhalle.

Saulheim, die zweitgrößte Weinanbaugemeinde in Rheinhessen, wartet mit einer sehr guten Infrastruktur auf und ist dementsprechend ein beliebter, aufstrebender Wohnort mit rund 7400 Einwohnern. Im Lorscher Codex wurde „Sauwelnheim inferior" ab 763 genannt. Um 970 wird zum ersten Mal zwischen Nieder- und Ober-Saulheim unterschieden und das blieb bis zur Verwaltungsreform 1969 so. Nach 999 Jahren wurden also beide Orte zu Saulheim vereint und der Verbandsgemeinde Wörrstadt eingegliedert. Die Alteingesessenen unterscheiden allerdings immer noch zwischen Nieder- und Ober-Saulheim. Außerdem gibt es bis heute noch eine ganze Menge von Vereinen zweimal. Nieder-Saulheim stand zwar lange unter pfälzischer Oberhoheit, seinen Besitz teilten sich aber bis zum Einzug französischer Truppen Ende des 18. Jahrhunderts sieben Ganerben, die im Rotationsprinzip regierten. Einer von ihnen war ein trinkfester Ritter aus dem Geschlechte der Hundt, um den sich viele Geschichten ranken.

Wenn die Kultur- und Weinbotschafterin Kerstin Walldorf-Dexheimer Besuchern ihren Heimatort Nieder-Saulheim vorstellt, erzählt sie von diesem Ritter und zeigt auch sein Denkmal vor der Mainzer

Links die katholische Kirche von 1873, rechts die evangelische Kirche von 1886

Volksbank auf dem Raiffeisen-Platz. Auf der von ihr konzipierten Route führt sie außerdem zu einer Menge sehenswerter Gebäude, über deren Geschichte sie Spannendes und Ungewöhnliches berichtet. Start ist bei ihr im Weingut Walldorf-Pfaffenhof in der Mainzer Straße. Nach einer kurzen Einführung überquert sie mit den Besuchern die Mainzer Straße, geht die gesamte Länge der Bahnhofstraße entlang, am Bahnhof vorbei, weiter nach rechts, bis die Bahnhofstraße auf den Raiffeisen-Platz stößt. Dort führt sie weiter durch die Pfarrgasse, vorbei an den beiden Kirchen zum Rathaus auf dem Römer. Anschließend führt der Spaziergang durch die Spitalgasse zur Hintergasse. Zurück geht's entweder auf demselben Weg, nur dass statt von der Pfarrgasse das Ensemble aus den beiden Kirchen und dem Rathaus diesmal von der Weedengasse aus angesehen werden kann. Oder man entscheidet sich für den Rückweg über die Ostergasse, Heileckergasse, den Eisenborn und die letzten Meter durch die Mainzer Straße bis zum Ausgangspunkt.
„Früher gab es vierzehn Gastwirtschaften und Cafés", berichtet die Gästeführerin, deren Familie zu Urgroßvaters Zeiten in der Ober-Saulheimer Straße das Gasthaus zur Krone besaß, weshalb sie ihre Führung auch mit Familienanekdoten untermalen kann. Sie erzählt von ehemaligen Wirtschaften, die heute leer stehen oder in Wohn-

häuser umgewandelt wurden. Viele der Lokale hatten große Tanzsäle, häufig im ersten Stock gelegen. Sie erinnert sich auch an die Erzählungen von einem Pferdehändler, ansässig in der Hintergasse im jetzigen Haus der Saulheimer Kleinkunstbühne, mit dem Spitznamen Pfefferdick. Er wurde so genannt, weil er den Stechpfeffer so gerne „dick" aß.

Denkmalgeschütztes Rathaus mit eindrucksvollen Turm im Renaissancestil

Sie erzählt aber auch von Auswanderern, die ihre Heimat Saulheim nie vergessen haben, sondern ihr stets verbunden geblieben sind. Dazu gehört die Geschichte des 1834 ausgewanderten und dort zum „Holzkönig" aufgestiegenen Friedrich Weyerhäuser. Dank seiner großzügigen Spende entstand die Jugendstilsängerhalle in der Bahnhofstraße 1. Die Halle wurde 1903 erbaut, ist heute weitgehend original erhalten und dadurch nicht nur ein beliebter Veranstaltungsort, sondern auch ein repräsentatives Jugendstilgebäude. 1951 wurde das Gebäude saniert und 1984 eine Gaststätte angebaut. Noch heute unterstützen die Nachkommen von Friedrich Weyerhäuser die Sängerhalle.
Spannend ist auch die Kirchenhistorie, die sich um Simultankirche und Streitkultur rankt. Streitkultur? Das mag man kaum glauben, wenn man die beiden neugotischen Kirchen friedlich zusammen mit dem Rathaus aus dem Jahr 1571 auf einem Grundstück auf dem Römer stehen sieht, und dann noch erfährt, dass sie ein aufeinander abgestimmtes Geläut haben. Die katholische Kirche, die zwischen 1871 bis 73 erbaut wurde, ist aus gelbem Sandstein, die evangelische Kirche daneben entstand in den Jahren 1885 bis 1886. Sehenswert ist außerdem der Rheinische Hof gegenüber den Kirchen, in der Straße Auf dem Römer 9. Das restaurierte Fachwerkhaus mit einem auffallenden Renaissanceportal wurde 1619 erbaut. Während des Spaziergangs berichtet und erläutert die Gästeführerin auch den ehemaligen Dorfschutz und die vier Pforten, die einst nach Saulheim hinein- und hinausführten.

Führung: Kerstin Walldorf-Dexheimer, KWB, 06732/5055
Text: Heike Sobotta

Der Spaziergang in Kürze

Start:
Weingut Walldorf-Pfaffenhof, Mainzer Str. 50
Länge:
1,5 km
Dauer:
1,5 – 2 Std.

Anfahrt:
Auto:
A63, Ausfahrt Saulheim, Abfahrt Araltankstelle
ÖPNV:
Züge im Halbstundentakt, Worms, Bingen, Koblenz Bad Kreuznach

Und außerdem:

- **Führung zur Kellereigeschichte aus drei Jahrhunderten**
- **Erlebniswanderrallye für Kinder, mit einem Hamsterzeichen ausgeschildert**
- **Wanderungen am Saulheimer Bach entlang zu den sechs Mühlen**
- **Heimatmuseum**
- **Neue Pforte**
- **Langer Stein** an der L 401 auf der Höhe von Ober-Saulheim

In der Umgebung:

- **Partenheim:** siehe Seite 86ff
- **Udenheim:** siehe Seite 107ff
- **Zornheim:** siehe Seite 134ff

Einkehrtipp:

- **Gutsausschank Pfaffenhof**
  Mainzer Straße 50
  55291 Saulheim
  Tel. 06732/5055
  Öffnungszeiten:
  Do-Sa ab 17 , So, Fei ab 16 , Frühjahr- und Herbstsaison
- **Wei-Stubb Gutsausschank Oehler**
  Pertelgasse 9
  Tel. 06732/5908
  Öffnungszeiten:
  Fr, Sa ab 18, So, Fei ab 16
  www.weingut-oehler.de
- **Hotel und Weinstube Lehn**
  Neupforte 19
  55291 Saulheim
  Tel. 06732/9410-0
  Öffnungszeiten:
  tgl. ab 18
  www.hotel-lehn.de
- **Gutsschänke Weidenberger Hof**
  Am Weidenberg 1
  55291 Saulheim
  Tel. 06732/93 59 99
  Do-Sa ab 18, So ab 17
- **Winzerhof Thörle**
  Ostergasse 40
  55291 Saulheim
  Öffnungszeiten:
  nach Vereinbarung
- **Historische Ritterschänke**
  Mainzer Str. 24
  55291 Saulheim
  Tel. 06732/61510
  www.ulanenhof.de

21. SCHWABENHEIM
Bartholomäuskirche und Alte Propstei

Eine Kirche so alt wie der Mainzer Dom und ein Ort, der eng mit Karl dem Großen und der Ingelheimer Kaiserpfalz verknüpft ist.

Seit 2009 gehört das mitten im lieblichen Selztal gelegene Schwabenheim zu den staatlich anerkannten Fremdenverkehrsgemeinden. Zum einen liegt das neben der besonders schönen landschaftlichen Lage an der vielfältigen und weit über die Grenzen des Ortes hinaus bekannten Gastronomie. Weiterhin sind dafür auch verantwortlich: der Wein, Sonderkulturen wie der Spargel und nicht zuletzt die gut ausgebaute Infrastruktur bis hin zum Stellplatz für Wohnmobile.
Schon im frühen Mittelalter machte „Villa Suaboheim" oder „Suaveheim", wie „die Perle des Selztals" zu Zeiten der fränkischen Herrscher hieß, von sich reden. Das freie Reichsdorf lag im Ingelheimer Reichsgrund und hier wohnten bevorzugt Adelige und Mitglieder klösterlicher Gemeinschaften, die zwar für den Unterhalt der Kaiserpfalz zu sorgen hatten, aber keine Leibeigenen waren oder Fron-

Blick in die Bartholomäuskirche mit dem Marienaltar von 1710

dienste übernehmen mussten. Sie durften vielmehr der Landwirtschaft, dem Weinbau und der Jagd nachgehen.
Im Laufe der Jahre wechselten die Besitzer des Ortes, dazu gehörten das Erzbistum Mainz, die Stadt Mainz und die Kurfürsten von der Pfalz. All das weiß Kultur- und Weinbotschafter Walter Klippel zu berichten, wenn er die Besucher vom Treffpunkt am Marktplatz durch die Backhausstraße, Pfaffenhofstraße und weiter durch die Selztalstraße hinunter zur Anlage der ehemaligen Probstei und zur katholischen Bartholomäuskirche führt, die direkt an der Bubenheimer Straße liegen. Denn das historische Schwabenheim ist nicht nur mit der Ingelheimer Kaiserpfalz verbunden, sondern auch mit dem Dombau in Mainz verknüpft. Die christliche Gemeinde entstand wohl bereits im 8. Jahrhundert, der Sage nach durch eine Schenkung von „Ada", die eine Schwester Karls des Großen gewesen sein soll. Die ursprüngliche Kirche wurde zur gleichen Zeit gebaut wie der Mainzer Dom, ist also tausend Jahre alt. Vielleicht ist die Kirche sogar noch älter, besteht sie doch aus einem vorromanischen Kern. Jedenfalls verfügte ab 1051 der Abt des Trierer Klosters St. Maximin über sie.
Beizeiten erlebte die Bartholomäuskirche die Reformation. Anschließend war sie jahrelang abwechselnd lutherisch, reformiert oder katholisch. Im Dreißigjährigen Krieg wurde sie zerstört und später als refor-

mierte Kirche aufgebaut, bis sie im Rahmen der Pfälzer Kirchenteilung wieder katholisch wurde und Benediktinermönche hier einzogen. Einige Kleinode haben sich im Inneren und Äußeren der Kirche erhalten. Wenn man außen um die Kirche herumgeht, entdeckt man einen romanischen Türsturz, einen römischen Viergötterstein, ein menolithisches Steinfenster aus dem 12. Jahrhundert und ein spätgotisches Maßwerkfenster. Im Inneren ist ein Marienaltar von 1710 zu bewundern sowie die bei der letzten Renovierung entdeckten Fresken hinter dem Marienaltar, die ins 15. oder 16. Jahrhundert datiert werden.
Auch über die Orgel gibt es einiges zu berichten, gehört sie doch vermutlich zu den bekannten Kohlhaas-Orgeln. Allerdings ist heute nur noch das Gehäuse übrig, da die Orgelpfeifen im Ersten Weltkrieg eingeschmolzen wurden. Erst 1922 konnte sich die Gemeinde neue leisten.
Zwischen Kirche und Probstei-Gebäude liegt der Friedhof, der bis ins 19. Jahrhundert belegt wurde. Auch die Probstei kann viel erzählen. Bis ins späte 17. Jahrhundert hinein verwalteten weltliche Personen

Die Alte Propstei in Schwabenheim um 1930

das Anwesen mit seinen Ländereien, erst dann zogen Mönche ein. Die Chronik ist genau: „Im Oktober 1693 kamen drei Mönche aus Trier an", erzählt Walter Klippel. Das heutige Gebäude wurde auch erst einige Jahre nach deren Ankunft erbaut, genauso wie der schöne achteckige Pavillon im Klostergarten: „Er diente den Mönchen zur Erholung und Erbauung", schmunzelt der Gästeführer. Napoleon war es, der das

Kloster auflöste und hier eine Zuckerfabrik errichtete, um vom Rohrzucker unabhängig zu werden. Seit 1951 ist die ehemalige Probstei im Besitz verschiedener Firmen. Eine Besichtigung der Anlage und vor allem des imposanten Gewölbekellers ist allein leider nicht möglich. Mit Walter Klippel zusammen darf man aber in den geräumigen Keller hinabsteigen und zum krönenden Abschluss Probstei-Wein genießen.

Führung: Walter Klippel, KWB, 06130/6064 oder 0171/8912774
Text: Heike Sobotta

Der Spaziergang in Kürze

Start:
Marktplatz an der evangelischen Kirche
Länge:
ca. 1 km
Dauer:
ca. 1 Std.

Anfahrt:
Auto:
L 428 von Ingelheim oder Stadecken-Elsheim
ÖPNV:
Bahnhof Ingelheim

Und außerdem:
- **Selztalradwanderweg:** führt direkt an der Bartholomäuskirche vorbei
- **5 Wanderwege,** Länge zwischen 2 und 14 km; Start: Marktplatz

In der Umgebung:
- **Essenheim:** siehe Seite 37ff
- **Zornheim:** siehe Seite 134ff
- **Zuckerlottchen:** siehe Seite 139ff

Einkehrtipp:
- **Zur Stadt Frankfurt**
  Marktplatz 7
  55270 Schwabenheim
  Tel. 06130/441
- **Zum Alten Weinkeller**
  Schulstraße 10
  55270 Schwabenheim
  Tel. 06130/941800
- **Hotel Pfaffenhofen**
  Bubenheimer Straße 10
  55270 Schwabenheim
  Tel. 06130/91990
- **Landgasthof Engel**
  Marktplatz 8
  55270 Schwabenheim
  Tel. 06130/929394
- **Restaurant Bacchushof**
  Außerhalb 8
  55270 Schwabenheim
  Tel. 06130/945848
- **Restaurant Stadt Mainz**
  Marktplatz 4
  55270 Schwabenheim
  Tel. 06130/940150
- **Restaurant Margaretenhof**
  Am Sportfeld 25
  55270 Schwabenheim
  Tel. 06130/944994
- **Gutsschänke Renth**
  Elsheimer Straße 25
  55270 Schwabenheim
  Tel. 06130/592

22. SPRENDLINGEN
Drei Rathäuser und Stolpersteine

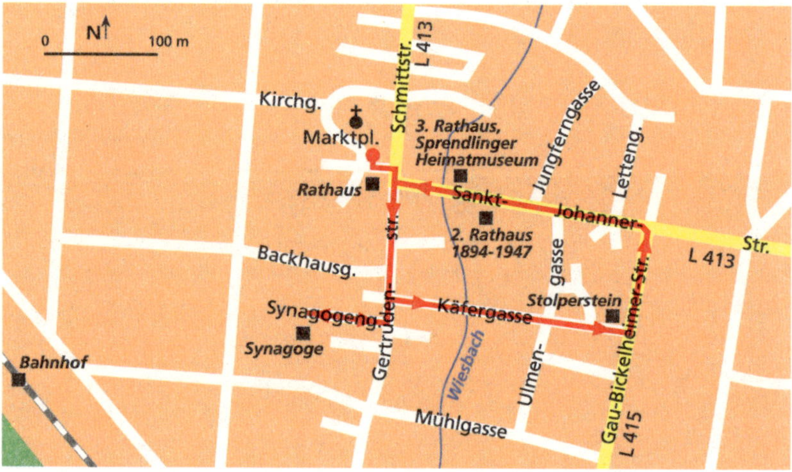

Rundgang zu drei Rathäusern, zu Stolpersteinen und einem Heimatmuseum.

Sprendlingen, ein Ort, der den Liebhabern von Winzersekt aufgrund der ansässigen Sektkellerei ein Begriff ist und der oft darauf reduziert wird. Zu Unrecht, denn ein Bummel durch den Ort lohnt sich durchaus. Zumal gerade einiges im touristischen Bereich passiert: Ein beschilderter historischer Rundweg ist im Entstehen, außerdem ein kleiner Weg entlang des Wiesbachs, der die Bachgeschichte erzählt.
Sprendlingen zählt heute 4056 Einwohner, seine erste Erwähnung findet es 767 im Lorscher Codex. Karl der Kahle hatte einen Herrenhof hier, den er später an das Kloster der Heiligen Gertrude zu Nivelles in Brabant verschenkte; der Name der Gertrudenstraße erinnert noch daran. Später regierten die Sponheimer Grafen hier, 1707 kam der Ort an die Markgrafschaft Baden.
Wer einen kleinen Spaziergang zusammen mit dem Kultur- und Weinbotschafter Rainer Böß unternimmt, erfährt nicht nur, was es mit den drei Rathäusern auf sich hat, sondern auch etwas über die historische Entwicklung des Ortes, über die Synagoge und deren heutige Nutzung. Rainer Böß erzählt außerdem auch vom 1803 ge-

borenen Hans Jakob Hirschmann, der nicht nur Bürgermeister war, sondern seiner Heimat, die er nie verlassen hat, auch in seinen Geschichten ein Denkmal setzte.
Die Weinbaugemeinde Sprendlingen setzt sich auch mit ihrer Rolle im Nationalsozialismus auseinander. Aufmerksame Besucher finden Stolpersteine im Straßenpflaster, die an ehemalige jüdische Mitbürger erinnern (s. S. 106). Von der ehemaligen Ortsbefestigung gibt es leider nichts mehr zu sehen. „Nur der Name Dorfgraben hat sich erhalten“, erklärt der Gästeführer.
Der Spaziergang startet am heutigen Rathaus, Marktplatz 2. Dort

Das „aktuelle“ Rathaus am Marktplatz

finden sich auch Parkplätze. Der Weg führt durch die Getrudenstraße, vorbei am Geburtshaus von Jacob Hirschmann, Nr. 7, bis zur Synagogengasse 8. Die ehemalige Synagoge, 1825 erbaut und 1938 innen teilweise zerstört, wurde 1996 von der Ortsgemeinde gekauft, saniert und dient heute als kulturelle Begegnungsstätte für Ausstellungen und andere Veranstaltungen. Wer mag, geht wenige Meter zurück in die Gertrudenstraße 39, wo ein Hakenhof, der wohl um 1740 erbaut wurde und heute das Straßenbild prägt, auffällt. Weiter geht's dann nach rechts in die Käfergasse bis zur Gau-Bickelheimer Straße. In diese biegt man links ein und folgt ihr bis zur St. Johanner Straße. Hier geht es wieder nach links, vorbei am Heimatmuseum des Ortes. Es ist im Haus Nummer 14 untergebracht, dem ehemaligen Anwesen Reuther. Das heutige Museum ist Rathaus Nummer 3, von dem man allerdings wenig weiß; der

Heimatmuseum Sprendlingen

Bürgermeister soll hier Anfang des 19. Jahrhunderts eine Amtstube unterhalten haben. Das zweite Rathaus steht mit der Hausnummer 19 direkt gegenüber dem Heimatmuseum. Es wurde 1863 von Jakob Dörrschuk erbaut, der dann aber nach Amerika auswanderte. 1873 kaufte die Gemeinde das Gebäude, um dort eine Schule einzurichten. Als man jedoch 1892 in der Schulstraße eine neue

Schule baute, wurde es zum Rathaus. Vom zweiten Rathaus geht es zum Ausgangspunkt zurück.
Das älteste Rathaus wird auf 1604 datiert und ist heute wieder Sitz der örtlichen Verwaltung. 1894 verkaufte man es an einen Hotelier aus Alzey. Er begann mit dem Umbau, wobei das Gebäude einstürzte. 1896 wurde es in seiner heutigen Form neu erbaut und diente bis 1947 als Hotel. 1951 kaufte es die Gemeinde zurück, seitdem dient es als Rathaus.

Führung: Rainer Böß, KWB, 06701/2005058
Text: Heike Sobotta

Der Spaziergang in Kürze

Start:
Rathaus, Marktplatz 2
Länge:
1,5 km
Dauer:
ca. 1 Std.

Anfahrt:
Auto:
A61, Abfahrt Sprendlingen
ÖPNV:
Anbindung im Rheinland-Pfalz-Takt

Und außerdem:

- **Höhenwanderweg von Sprendlingen nach Aspisheim**, 6,8 km, Start: Wirtschaftsweg gegenüber der Einfahrt zum Neubaugebiet Nord
- **Via Vinea,** Start: Weinheimer Weg
- **Heimatmuseum:** St. Johanner-Straße 14
  Öffnungszeiten:
  1. Sa im Monat 10 – 12 (Mai – Okt) int. Museumstag, Tag des offenen Denkmals, Maimarkt, Jahr- und Martinsmarkt im Oktober 06701/901134 (Wolfgang Genther)

In der Umgebung:

- **Horrweiler:** siehe Seite 64ff
- **Partenheim:** siehe Seite 86ff
- **Neu-Bamberg:** siehe Seite 73ff
- **Ockenheim:** siehe Seite 82ff
- **Wissberg:** siehe Seite 125ff

Einkehrtipps:

- **Zur Alten Scheune**
  Gertrudenstraße 8
  55676 Sprendlingen
  Tel. 06701/1869
  Öffnungszeiten:
- **Weingut Huth**
  St. Johanner Str. 54
  55576 Sprendlingen
  Tel. 06701/2879
  Öffnungszeiten:
  Mo – Do 19,
  Fr – So 17
  Mittwoch Ruhetag
- **Zum Schäferstübchen**
  St. Johanner Str. 6
  55576 Sprendlingen
  Tel. 06701/2045050
  Öffnungszeiten:
  Mi – So ab 17.30,
  So 11.30 – 14.30
- **Gaststättte Bauernschänke**
  Badenheimer Str. 3
  55576 Sprendlingen
  Tel. 06701/1301
  Öffnungszeiten:
  Mo – So 11 – 14,
  18 – 24
  Donnerstag Ruhetag
- **Weingut und Gutsschänke**
  Lutz Mohr
  Palmgasse 3
  55576 Sprendlingen
  Tel. 06701/529 oder 3822
  Öffnungszeiten:
  Fr + Sa ab 18, So ab 16

Stolpersteine in der Gau-Bickelheimer Straße zur Erinnerung an die Jüdische Familie Rector.

Stolpersteine

Seit 1996 erinnert der Kölner Künstler Gunter Demnig an die Opfer der NS-Zeit, indem er vor ihrem letzten selbstgewählten Wohnort Gedenktafeln aus Messing ins Trottoir einlässt. Auf den Steinen steht geschrieben: HIER WOHNTE dann der Name, dann – wenn bekannt – Jahr und Ort der Deportation oder des Todes. Mit den Stolpersteinen vor Häusern bleibt die Erinnerung an die Menschen lebendig, die einst hier wohnten.

UDENHEIM 23.
Die Bergkirche

„Kirchenschiff im Rebenmeer" mit grandiosem Blick über das rheinhessische Hügelland.

Aufmerksame Autofahrer entdecken die dreiteilige Bergkirche für einen Moment, wenn sie auf der A 63 vorüberfahren. Wer einen Umweg über Saulheim, Schornsheim und Udenheim in Kauf nimmt, um sie von Nahem zu sehen, der darf sich auf wunderbare Aussichten über die schier unendlichen Weiten des Rheinhessischen Hügellandes freuen. Wer sich darüber hinaus für eine Führung entscheidet, erlebt mit der Kultur- und Weinbotschafterin Utta Stuber informative, anschauliche und lebendige 75 Minuten, die sich vor allem auch deshalb lohnen, weil die Kirche außer zu den sonntäglichen Gottesdiensten leider immer geschlossen ist.
Die Udenheimer haben ihre Kirche nicht im Dorf gelassen, sondern sie stattdessen außerhalb auf eine Anhöhe gebaut. Ihr charakteristisches Aussehen erhielt sie dadurch, dass der romanische Westturm niedriger und das Dach des spätgotischen Chores höher ist als der First des gotischen Langhauses. Eine Steinmauer, die das Gelände

noch heute vollständig umgibt, und der Westturm als der niedrigste und zugleich älteste Teil der dreigliedrigen Kirche aus dem 12. Jahrhundert, der anfangs als Wehrturm angelegt war, weisen darauf hin, dass die Bergkirche einst Zufluchtsort in Zeiten der Bedrängnis war. Heute befindet sich hier im Westen der später angelegte Haupteingang. „Die Kirche besteht aus einem Stilmix", erklärt Utta Stuber. Neben romanischen Bauteilen finden sich gotische und im Innern barocke Kirchenbänke bis hin zu den Kirchenfenstern, die Heinz Hindorf im letzten Jahrhundert entworfen hat. Sie erzählen Szenen aus dem Neuen Testament.

Utta Stuber erkundet mit den Besuchern zuerst die Außenanlage. Hier finden sich etliche alte Grabsteine, da bis vor rund hundert Jahren hier noch der Friedhof von Udenheim war. Dann weist sie auf die besondere Aussicht hin. Sie stellt dabei die umgebende Landschaft mit ihren zahllosen Wingerten vor, die der Bergkirche die Bezeichnung „Kirchenschiff im Rebenmeer" gaben. Nach einem kleinen Exkurs mit geologischen Erläuterungen, Erklärungen zum früheren Heiligtum der Kelten an dieser Stelle, zu Viergötterstein und römischer Jupitersäule, widmet sich die Gästeführerin dem äußeren Kirchenaufbau. Sie erläutert die Geschichte der einzelnen Bauteile und weist auf das Baumaterial Sandstein mit seiner beigefarbenen Bemalung hin. Erst dann geht es durch den Haupteingang ins Innere.

Gleich im Eingangsbereich, dem ehemaligen Wehrturm, findet ein Kreuzrippengewölbe mit prächtigem Schlussstein erste Bewunderung, bevor es in den Kirchenraum mit dem hochgotischen Chorraum geht. „Zu jedem Teil gibt es eine Geschichte", lacht die Gästeführerin. Und erzählt vom Taufbecken, das früher an anderer Stelle stand, vom gotischen Holzgestühl, das in vielen Teilen noch original erhalten ist. Sie stellt die Orgel vor, eine Hardt-Orgel, weist auf die Wenfdeltreppe hin, die zur Empore hochführt undderen Spindel aus einem einzigen Eichenbalken aus dem Barock stammt. Sie spricht von den Wandmalereien, der Sakristei mit den wunderschönen Holzschränken, wo auch das besondere Holzkreuz, das Udenheimer Kruzifix aus dem 11. Jahrhundert, hing, das heute in der Gotthardkapelle im Mainzer Dom zu finden ist.

Die Deckenmalerei im Chor im Stil der sogenannten Distelmalerei hat ebenso ihre Geschichte wie die Reste der Wandmalerei, die von der Empore aus zu sehen sind. Utta Stuber unternimmt natürlich auch einen Ausflug in die Kirchengeschichte, zu den Patronaten der Kirche und den Dorfbewohnern. Denn wenn die Steine reden könn-

Evangelischer Glockenturm auf dem Marktplatz

ten, würden sie in der Bergkirche nicht nur von guten Tagen, eitel Sonnenschein und den besonderen Gottesdiensten und Festen berichten. Sie würden über heftige Streitereien tuscheln, die sich die katholische und evangelische Bevölkerung von Udenheim im Laufe vieler Jahre lieferten. Denn wie so viele Kirchen diente die Bergkirche ab 1685 beiden christlichen Glaubensrichtungen als Gotteshaus. Erst am 2. Juli 1959 trennten sich hier die beiden Konfessionen endgültig, diesmal allerdings friedlich. Die Evangelischen blieben hier in der Kirche, die einst dem heiligen Pankratius geweiht war.

Und wo sind die Glocken? Die läuten seit 1874/75 in einem 28 Meter hohen Glockenturm in der Ortsmitte. Denn die ehemals drei vorhandenen Glocken wurden 1796 von den Franzosen eingeschmolzen. Ende des 19. Jahrhunderts entschied man sich dann für einen Glockenturm direkt im Dorf, damit der Glöckner nicht täglich weite Wege auf sich nehmen musste. Seitdem läutete er auch für die weltliche Gemeinde um 11 Uhr, um 13 Uhr und zum Feierabend und seit 1968 hat die Bergkirche auch wieder ein bronzenes „Vater-unser-Glöcklein“.

Führung: Utta Stuber, KWB, 06732/5968
Text: Heike Sobotta

Der Spaziergang in Kürze

Start:
Bergkirche Udenheim
Länge:
Rundgang um die Kirche
Dauer:
gut 1 Std.

Anfahrt:
Auto:
A63, Ausfahrt Saulheim oder Schornsheim, Parken am Friedhof
ÖPNV:
Bahnstation Saulheim, Fußweg ca. 3 km zur Bergkirche

Und außerdem:

- **Rheinhessischer Pilgerweg nach Santiago di Campostela** führt an der Kirche vorbei
- **Udenheimer Panoramarundweg** Start: Bergkirche, 5,3 km
- **Nordic-Walking-Routen**
  Route 8: Länge 3,9 km, leicht
  Route 9: Länge 7,5 km, mittel
  Start: Bergkirche
- **Glockenturm in Udenheim**
  Marktplatz

In der Umgebung

- **Saulheim:** siehe Seite 94ff
- **Rommersheim:** siehe Seite 90ff
- **Undenheim:** siehe Seite 111ff

Einkehrtipp:

- **Straußwirtschaft Edwin Zaun**
  Wilhelmstraße 8
  55288 Udenheim
  Tel. 06732/44 52
- **Weingut Schrauth-Becker „Winzerscheune“**
  Ludwigstraße 17
  55288 Udenheim
  Für Gruppen nach Anmeldung
  Tel. 06732/44 30
- **Gutsschänke Ebling**
  in Schornsheim
  Außerhalb 1
  55288 Schornsheim
  Tel. 06732/34 81
  www.hofgut-ebling.de
  Öffnungszeiten:
  März bis Mai und September bis Oktober
  Fr, Sa ab 18 Uhr
  So, Feiertag ab 17 Uhr

Blick über die gotische Kirchhofsmauer auf Udenheim

Ein Heiliges Grab und schöne alte Häuser

Mystik und Wirklichkeit um ein heiliges Grab und Reliquien, die heute im Mainzer Dom zu sehen sind.

Rund 2800 Einwohner zählt die Gemeinde zwischen Nierstein und Wörrstadt, mit steigender Tendenz, da sie über eine gute Infrastruktur verfügt. Vielleicht liegt diese steigende Tendenz aber auch daran, dass in Undenheim gerne gefeiert wird, meistens auf dem Dorfplatz. Zum Beispiel das Sonnenblumenfest: Da freut man sich auf Familien aus der ganzen Region, die Spaß daran haben, sich durch das jährlich neu gestaltete Sonnenblumenlabyrinth einen Weg zu suchen. Aber nicht nur zu Festzeiten treffen sich die Bürger auf ihrem Dorfplatz, dem Georg-Wiegand-Will-Platz. Kultur- und Weinbotschafter Klaus und Iris Schmitt beginnen hier auch mit ihrer Führung durch den historischen Ortskern. Denn hier finden sich nicht nur ausreichend Parkplätze, hier stehen auch das Rathaus mit seinen Nebengebäuden, die kleine, 1780 neu erbaute evangelische Kirche und die ehemalige Schule, die heute das evangelische Gemeindehaus beherbergt. „Die evangelische Kirche wird als Hochzeitskirche beworben, weil sie so romantisch und intim ist", verrät der Gästeführer. Außerdem lohnt vor dem Rathaus ein Brunnen an der Wand des Treppenaufgangs genauer angeschaut zu werden. Er erzählt einiges aus der Undenheimer Geschichte: von Siedlungs-

Gemeindeverwaltung

anfängen durch den Franken „Undo“, über das Jahr 1516, als am dritten Pfingsttag der Nachbarort „Nordelsheim“ durch heftige Regenfälle vollständig zerstört wurde und sich die Überlebenden nach Undenheim retteten, wo sie blieben. Wappen auf der Brunnenplastik der Ingelheimer Künstlerin Petra Goldmann berichten außerdem über die Verbindung nach Mainz und die Jahrhunderte lange Zugehörigkeit des Ortes zur Kurpfalz.

Brunnen am Rathaus

Der alte Ortskern von Undenheim ließe sich leicht auch alleine durchbummeln, da alle historischen Gebäude Infotafeln tragen. Zusammen mit dem Ehepaar Schmitt öffnet sich aber nicht nur das eine oder andere Hoftor und erlaubt Blicke in Höfe und Gärten ehemaliger fränkischer Hofanlagen. Die beiden wissen darüber hinaus Spannendes aus alten Zeiten zu berichten und lenken die Blicke auf spezielle Details. Der Weg mit den Gästeführern führt durch die

An der katholischen Wehrkirche

Tränkgasse, dann nach rechts ein Stück durch die Kirchgasse, bis es links einen schmalen Pfad hochgeht, der auf den Mühlweg mündet. Der Mühlweg geht nach ungefähr 150 Metern in die Storchengasse über. Dort befindet sich die Tür, die zum Wehrkirchhof mit der katholischen Kirche Mariä Himmelfahrt führt. Nach der Besichtigung der Wehrkirche mit dem spätgotischen Hochchor und den Vierzehn Nothelfern, die im linken Seitenaltar dargestellt sind, kommt man durch die Schulstraße zurück zum Ausgangspunkt, dem Brunnen.

Das älteste Haus, die alte Schmiede

Wichtige Gebäude liegen am Weg: der größte ehemalige Undenheimer Hof, das ist der Zehnthof des Klosters St. Alban in der Tränkgasse und dann noch das älteste Haus in der Kirchgasse. Es wurde 1702 erbaut, in ihm lebte und arbeitete der Gemeindeschmied. Iris und Klaus Schmitt berichten über Figurenfunde am katholischen Pfarrhof. Dabei handelt es sich um Teile aus der Darstellung der zwölf Apostel und des großen Weltgerichts, die heute im Mainzer Dommuseum zu sehen sind. Auch die fränkischen Gräberfunde thematisieren sie, bevor sich die Führung ihrem Höhepunkt nähert, der Besichtigung der katholischen Wehrkirchenanlage. Die parkähnliche Anlage vermittelt Ruhe und lädt zum Verweilen ein. Neben erhaltenen Grabsteinen erinnern klassizistische Denkmäler an verschiedene Kriege. „Tagsüber sitzen immer wieder Leute hier auf den Bänken", beobachtet Klaus Schmitt. Vorbei an dem erhaltenen Teil der Wehrmauer und dem Halbschalenturm geht es dann in die Kirche. Dort haben die Gästeführer schon einen Beamer mit Leinwand aufgebaut, um ausführlich über den Fund einer Nachbildung des Heiligen Grabes von Jerusalem hier in der Kirche zu berichten. Die Nachbildung wurde wohl von einem wohlhabenden Undenheimer Bürger gestiftet und vor dem Bildersturm der Calvinisten durch Vergraben gerettet. Man fand sie während einer Renovierung zwischen den Jahren 1904 bis 1906. Das „Meisterwerk gotischer Kunst", wie es in einer Ausgabe der Allgemeinen Zeitung 1965 heißt, wird heute unterirdisch in der Nassauer Kapelle im Mainzer Dom gelagert. Einmal im Jahr, an Karsamstag, darf es besichtigt werden.

Führung: Iris und Klaus Schmitt, KWB, Tel. 0172/6112959
Text: Heike Sobotta

Der Spaziergang in Kürze

Start:
Georg-Wiegand-Will-Platz, hier sind auch Parkplätze
Länge:
1 km
Dauer:
2 Std.

Anfahrt:
Auto:
A63, Abfahrt: Wörrstadt/Nierstein, dann auf der L436 weiter in Richtung Nierstein
ÖPNV:
Bus 660 Mainz-Alzey, Bus 662 Oppenheim-Bodenheim, Bus 667 Nieder-Olm-Mz.-Ebersheim, Bus 668 Dalheim-Wörrstadt

Und außerdem:

- **Heimatmuseum Undenheim**
  Sackgasse 1
  55278 Undenheim
  Tel. 06737/1579
  Öffnungszeiten:
  nach Vereinbarung
- **Erlebnisfeld am Pilgerpfad**

In der Umgebung:

- **Nierstein:** siehe Seite 77ff
- **Udenheim:** siehe Seite 107ff

Einkehrtipp:

- **Undenheimer Weinstube im alten Brauhaus**
  Alzeyer Straße 16
  55278 Undenheim
  Tel. 06737/309
  Internet: www.undenheimer-weinstube.de
  Öffnungszeiten:
  Do-Sa ab 18, an So + Fei ab 17
- **Weingut – Landgasthof Zur Reichskrone**
  Bahnhofstraße 1
  55278 Undenheim
  Tel. 06737/206
- **Zum Bienenkörbchen**
  Storchengasse 17
  55278 Undenheim
  Tel. 06737/9710
- **Weinstube Kröhler „Tante Anna"**
  Staatsrat-Schwamb-Str. 35
  55278 Undenheim
  Tel. 06737/260

Fränkischer Vierseithof in Undenheim

25. WESTHOFEN

Der schönste Marktplatz von Rheinhessen und jede Menge Wasser

Die bedeutendste und zugleich wasserreichste Quelle in Rheinhessen, der Heimatort von Fritz Huxel, dem Namensgeber einer Rebsorte für Süß- und Dessertweine.

Kirche am Marktplatz

Was für ein ungewöhnlich großer Marktplatz, denkt sich der Besucher. Riesig für eine Gemeinde, die nur rund 3200 Einwohner zählt. Ungepflastert und von vielen schönen Häusern umgeben, die in der Zeit zwischen dem 16. und 19. Jahrhundert erbaut wurden, strahlt er einen besonderen Charme aus. Im oberen Bereich des Platzes steht die evangelische Kirche, die früher von einem Friedhof umgeben war. Nur wenige Meter davon entfernt befindet sich die katholische Kirche, die unter ihrem Langhaus ein mittelalterliches Beinhaus

birgt. Es wurde 1981 während Renovierungsarbeiten entdeckt und mit ihm die hier gesammelten Gebeine, die dort Jahrhunderte lang ruhten und in Vergessenheit geraten waren. Einige Zeit durften sie als Sehenswürdigkeit bestaunt werden. Da sie durch die Atemluft der Besucher aber zu verfallen anfingen, wurde diese Besichtigungsmöglichkeit eingestellt. In beiden Kirchen steht eine Stummorgel.
Der Marktplatz steht vollständig unter Denkmalschutz. Bereits ab 1324 fanden hier regelmäßige Märkte statt, das hat sich nicht geändert. Heute noch treffen sich Bürger und Besucher am vorletzten Wochenende im August zum Westhofener Markt. Außerdem ist der Marktplatz der Mittelpunkt, wenn die Traubenblütenkönigin zum Traubenblütenfest am zweiten Wochenende nach Pfingsten gekrönt wird. Gleich am Anfang des Jahres tragen die besten Drescher aus dem Wonnegau und mitunter sogar aus den USA hier den Wettkampf um den „Westhofener Staubweinhumpen" aus.

„Der schönste Marktplatz der Region"

„Es ist der schönste Marktplatz in der Region", ist sich Kultur- und Weinbotschafterin Iris Leonhardt sicher und startet an diesem geschichtsträchtigen Platz mit guten Parkmöglichkeiten ihre Führung. Nach ihrem Exkurs zu den fränkischen Wurzeln und den Lehnsherren des rund 1200 Jahre alten Ortes, der sich damals an der

Seebachquelle gründete, startet der Spaziergang in der Straße Am Markt und führt dann in die Ohligstraße, wo das stattliche Bürgerhaus steht. Weiter geht es nach links die Seegasse hinunter bis zum malerischen Platz am Quellbereich der Seebachquelle (Ecke Seegasse/An dem Seebach). Noch heute sprudeln täglich 5000 Kubikmeter Wasser aus der mit einem Gitter geschützten Quelle, in der sich Karpfen tummeln. Damit ist sie die wasserreichste Quelle in ganz Rheinhessen. Im Quellbereich steht auch die ehemalige Badstube, die bis um 1600 genutzt wurde. Weiter geht es am Wasserlauf und der Straße An der Seebach entlang bis zur Seemühle, die heute ebenfalls unter Denkmalschutz steht. „Ursprünglich gab es in Westhofen neun Mühlen“, berichtet Iris Leonhardt. Am Ende der Straße geht es über den Seebach in die Straße An der Letze. Hier blickt der Besucher im Vorbeigehen auf das Weingut Huxel Erben, in dem Fritz Huxel lebte. Er hat die nach ihm benannte Rebzüchtung aus den Rebsorten Gutedel und Coutillier in den Fünfzigerjahren des letzten Jahrhunderts als Erster umfangreich angebaut. Die Rebe selbst züchtete Georg Scheu bereits 1927 an der Landesanstalt für Rebenzüchtung in Alzey.

Karpfen in der Seebachquelle

„Letze“ ist ein anderer Ausdruck für Wehrmauer. Westhofen war im Mittelalter von einer Mauer mit sechs Toren umgeben gewesen. Nur der Pulverturm ist noch erhalten. In der Gasse An der Letze läuft man an den Überresten entlang. Der Weg führt zur geheimnisvollen Ruine der Liebfrauenkirche. „Sie ist nicht wirklich nach Osten ausgerichtet“, erklärt die Gästeführerin. Die Gründe dafür liegen im Dunkeln. Die Reste des gotischen Saalbaus sind von einem kleinen idyllisch-romantischen Park umgeben, in dem ab und zu kulturelle Veranstaltungen stattfinden.
Durch die Altbachgasse führt der Spaziergang in die Kellergasse, wo vor 400 Jahren ein weitverzweigtes Kellernetz in den Hang gegraben worden ist. Noch heute sind etliche der Keller erhalten, die

Ruine der Liebfrauenkirche

teilweise von Weingütern für Veranstaltungen genutzt werden oder immer noch zur Weinlagerung dienen. Während des Traubenblütenfestes bieten die Winzer einen Kellerrundgang an. Ein Treppenaufgang führt wieder zum Ausgangspunkt auf den Markt zurück. Am Ende der Treppen bietet sich noch ein schöner Ausblick über die Dächer von Westhofen.

Führung: Iris Leonhardt, KWB, Tel. 06131/250630
Text: Heike Sobotta

Der Spaziergang in Kürze

Start:
Marktplatz, hier auch Parkplätze
Länge:
ca. 4 km
Dauer:
ca. 1,5 Std.

Anfahrt:
Auto:
A61, Ausfahrt Gundersheim, Osthofen, Westhofen

Und außerdem:

- **Puppenmuseum**
  Wormser Straße 3
  67593 Westhofen
  Öffnungszeiten:
  April – Sept.: Do, Fr, Sa: 16 – 18, So 15 – 18
  Okt – März: So 15 – 18
  Tel. 06244/7612
  www.puppenmuseum-westhofen.de
- **Mühlenwanderweg, vorbei an neun ehemaligen Mühlen**
  Wanderwege 3 km, 6 km, Start Parkplatz Nickelgarten

In der Umgebung

- **Radrundwanderweg R3:**
  Westhofen - Osthofen - Westhofen, 14 km
- **Radrundwanderweg R4:**
  Westhofen - Eppelsheim - Hangen-Weisheim - Gau-Heppenheim - Framersheim - Dittelsheim-Heßloch - Bechtheim - Westhofen, 31 km

Einkehrtipp:

- **Deutsches Haus**
  Am Markt 1
  67593 Westhofen
  Tel. 06244/260
  Öffnungszeiten:
  Do – Di 11.30 – 14, 17 – 22
- **Weinstube Villa Wolf**
  Osthofener Straße 24
  67593 Westhofen
  Tel. 06 44/579660
  www.villawolf.eu
  Öffnungszeiten:
  Do, Fr, Sa: 18 – 24,
  So u. Fei: 11 – 14.30, 18 – 24
- **Straußwirtschaft Hohenfelser Hof**
  Am Markt 15
  67593 Westhofen
  06244/4898
  Öffnungszeiten:
  1. Mai – 31. August: Sa ab 18, So ab 17
  www.hohenfelser-hof.de

Das Mühlrad am Seebach

WINTERSHEIM | 26.
Vielfältige Entdeckungen

Das Wohnhaus des Petershofes, erbaut 1618

Ein Dorf, ein Wohn- und Wehrturm, überraschende Familiengeschichten von überregionaler Bedeutung und idyllische Gärten laden nach Wintersheim im Hinterland von Oppenheim und Guntersblum ein.

„Wir haben ein altes und ein neues Schloss", lächelt Heike Dettweiler, Kultur- und Weinbotschafterin von Wintersheim, verschmitzt. Der Besucher stutzt einen Moment und nickt gleich darauf einverstanden. Auch wenn die kleine rheinhessische Gemeinde nicht mit Schlössern im üblichen Sinn aufwartet, handelt es sich um herrschaftliche Gebäude, und was es damit auf sich hat, lässt sich wirklich am besten in einer Führung erfahren. Denn das 300-Seelen-Dorf bietet doch auf den ersten Blick scheinbar wenig Spektakuläres und Beschilderungen, die helfen könnten, sind nicht überall zu finden.
Ein fränkischer Sippenführer namens „Winither" hat hier wohl sein „Heim" gegründet, so die heutige Erklärung des Ortsnamens. Im Lorscher Codex wird Wintersheim zum ersten Mal 766 erwähnt. Beschaulichkeit ist angesagt. Selbst der Bus hält hier nur morgens und mittags

für die Schülerinnen und Schüler. Aber Wintersheim ist ein Geheimtipp, den es zu entdecken gilt. Eingebettet in ihr anschauliches Wissen über Bauweisen und geschichtliche Hintergründe, über Geschichten von Grafen und Lehnsherren, finden sich hier Schätze, die während der Führung mit Heike Dettweiler immer wieder überraschen.

Treffpunkt ist das Weingut Dätwyl in der Hauptstraße 11 und damit ein Platz, an dem das älteste Gebäude von Wintersheim steht, der Wohn- und Wehrturm. Er wurde um 1345, als die Grafen von Leiningen hier das Sagen hatten, erbaut. „Wohn- und Wehrtürme sind die Vorläufer der Burgen und der Einstieg im ersten Stock war damals schwer zugänglich", erklärt Heike Dettweiler. Das ist heute anders. Eine um 1900 erbaute Steintreppe führt in das imposante, zugleich sehr gut restaurierte und stilvoll eingerichtete Gebäude. Hier haben die Dettweilers ihre Straußwirtschaft und die Gästezimmer untergebracht. Unter dem Dach lädt zudem ein volkskundlicher Museumsraum mit alten Gerätschaften aus Landwirtschaft und Weinbau zum Umschauen ein. Das Innere des Turms besichtigen die Besucher zum Abschluss des Spaziergangs.

Jetzt geht es erst einmal auf die gegenüberliegende Straßenseite, in den Karolinenhof. Das ist ebenfalls ein Weingut und zugleich das Paradebeispiel einer fränkischen Hofanlage, ein sogenannter Hakenhof, bei dem die Scheune quergestellt ist und so den Hof an der Rückseite abschließt. Anschließend kehren die Besucher wieder auf die andere Straßenseite zurück und laufen links vom Eingang die

Wohnhaus des Weinguts Karolinenhof

Schlossmauer entlang, wie die Wintersheimer die Mauer nennen, die das Areal rund um Wehrturm und Weingut eingrenzt. Auf ihrem Weg sehen sie eine Hochfahrtscheune, in die das Korn über eine Rampe eingefahren werden konnte. Kurz nach dem Ende der Mauer öffnet sich ein Reilchen, wie die engsten Gässchen zwischen zwei Häusern heißen, die nur im Gänsemarsch zu passieren sind. Am Ende drückt sich rechts ein kleines windschief anmutendes Fachwerkhaus ans Nachbargebäude. „Das war 1720 das allererste Schulhaus von Wintersheim“, erklärt die Kultur- und Weinbotschafterin. Fünfzehn Kinder wurden damals hier unterrichtet, achtzig Einwohner gab es insgesamt. Ein paar Meter weiter, am Ende der Schulgasse, findet man das neue Schulhaus in der Kirchgasse. Es wurde Anfang des 19. Jahrhunderts erbaut, und weil die Wintersheimer praktisch veranlagt waren, brachten sie darin außerdem das Rathaus, die Lehrerwohnung und den „Betsaal“, auch „Kirchenstubb“ genannt, unter. Hundert Meter links vom Rathaus steht die evangelische Kirche, eine Filialkirche aus Dorn-Dürkheim, die erst 113 Jahre alt ist. Bevor es durch die Kirchstraße, die in die Hauptstraße mündet, zurück zum Weingut geht, steht noch die Besichtigung vom Petershof, dem zweiten „Schloss“, in der Kirchstraße 10 an. Es gehörte dem Freiherrn von Frayss und wurde 1618 erbaut und im Barockstil ausgestaltet.
Während des Rundgangs mit Heike Dettweiler dürfen sich die Gäste an besonderen Gartenanlagen erfreuen, die den Individualbesuchern ohne ihre Führung verschlossen bleiben. Dazu gehört beispielsweise der ummauerte Garten vom Petershof. Dabei erzählt Heike Dettweiler, die auch gleichzeitig Gartenbauingenieurin ist, wie viel Liter Wein früher ein Weinberg hervorbrachte, der vier Ohm groß war, nämlich 520 Liter. Sie erzählt von Katholiken und von den Mennoniten, einer Glaubensgruppe, die in Wintersheim eine große Rolle spielte und zu der alle Vorfahren der Dettweilers gehörten. Da gab es den Bürgermeister Samuel Dettweiler. Christian Dettweiler wiederum reformierte die örtliche Landwirtschaft, die bis zum Ende des 17. Jahrhunderts noch nach den Regeln von Karl dem Großen betrieben wurde, indem er unter anderem gemahlenen Gips als Dünger einführte. Ein anderer Christian Dettweiler widmete sein Augenmerk den Ziegen und gilt als Begründer der deutschen Ziegenzucht.
Bevor die Gäste den Wehrturm besteigen, dürfen sie noch ein besonders schönes Exemplar einer rheinhessischen Kuhkapelle besichtigen. Der Mitte des 19. Jahrhunderts erbaute große Stall mit den

Kreuzgratgewölben gehört zum Gebäudekomplex des Weinguts. Die massiv aus Stein erbauten Ställe sollten damals die Hygiene in der Tierhaltung verbessern und vor allem die Brandgefahr mindern.

Führung: Heike Dettweiler,
Kultur- und Weinbotschafterin,
06733/426, www.daetwyl.de
Text: Heike Sobotta

Wohn- und Wehrturm im Weingut Dätwyl, erbaut 1346

Der Spaziergang in Kürze

Start:
Weingut Dätwyl, Hauptstraße 11
Länge:
ca. 1,5 km
Dauer:
ca. 1 Std.

Anfahrt:
Auto:
A63, Abfahrt Biebelnheim über L 414 und L438, Parken in den Straßen rund um das Weingut
ÖPNV:
Bahnhof Alsheim, Fußweg 5 km nach Wintersheim

Und außerdem:
- Wasserturm (1906) mit Jugendstilelementen, auf der Straße nach Eimsheim

In der Umgebung
- **Albig:** siehe Seite 7ff
- **Alsheim:** siehe Seite 12ff
- **Oppenheim:**
  Katharinenkirche, Spezialführung für Kinder

Einkehrtipp:
- Straußwirtschaft Weingut Dätwyl,
  Familie Dettweiler
  Hauptstraße 11
  67587 Wintersheim
  Tel. 06733/426, www.daetwyl.de
  Öffnung:
  nach telefonischer Anmeldung
- **„Zum alten Kelterhaus“**
  Außerhalb 7
  67577Alsheim
  Tel. 06249/670109
  Öffnungszeiten:
  Mi – Sa ab 17, So ab 11

WISSBERG

Ein Blick in die Erdgeschichte

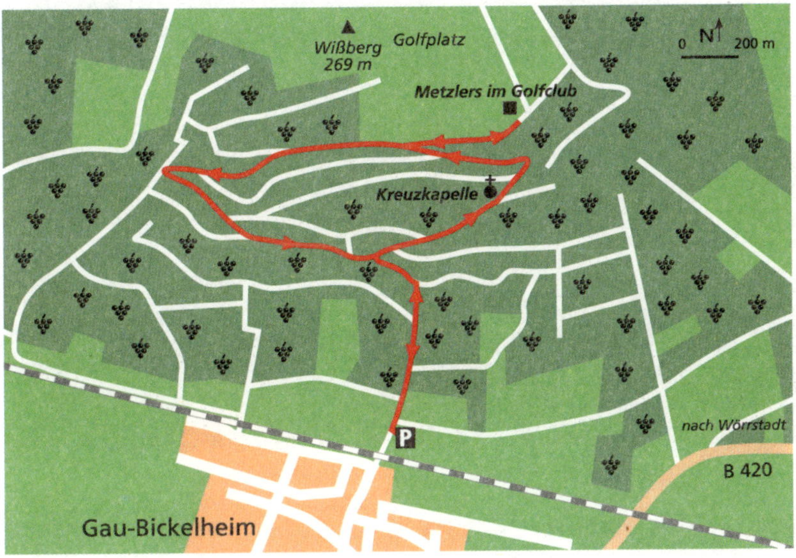

Schleichsandmergel, Kalkplateau, Terroir und rheinhessische Landschaft so weit das Auge reicht

„Die geologische Vielfalt hat nicht nur Einfluss darauf, wie Wein angebaut wird, sie eröffnet auch besondere Vermarktungsstrategien", erklärt Wolfgang Schwehm, ein Kultur- und Weinbotschafter, der sich mit Leib und Seele der Geologie von Rheinhessen und damit den naturgegebenen Faktoren einer Landschaft, ihrem Klima, der Bodenbeschaffenheit und der Topographie verschrieben hat. Er erklärt während einer anschaulichen Führung, wie die Kräfte der Natur im Laufe von fast 300 Millionen Jahren die Landschaft in Rheinhessen so formten, wie wir sie heute kennen. Während einer Wanderung am und über die zweithöchste Erhebung in Rheinhessen, dem 269 Meter hohen Wissberg, erläutert er darüber hinaus, wann die Menschen in dieser Region begannen, diese Gegebenheiten für sich zu nutzen, und was es mit dem ursprünglich französischen Begriff Terroir auf sich hat, den Winzer für ihre charakteristischen Weine nutzen. Denn Terroir zielt genau auf diese spezielle Bodenbeschaffenheit, seine Mineralität und auf die für Rheinhessen typischen Klimafaktoren ab. Zusam-

Kreuzkapelle am Wissberg

men mit dem Know-how des Winzers, seiner Arbeit im Weinberg und im Keller führt das zum unverwechselbaren Charakter eines Weines. Zum Ausdruck kommt dieses Phänomen auf Weinetiketten mit Bezeichnungen wie Silvaner vom Kalkstein, Riesling vom Porphyr oder Spätburgunder vom Kalkmergel.

Auch hier lässt sich wieder sagen, dass eine Wanderung über den Wissberg sich auch ohne Führung lohnt, weil das rheinhessische Hügelland so einladend zu Füßen liegt und der Blick unendlich weit in die Ferne schweifen kann. Mit Wolfgang Schwehm aber kann man die Landschaft kennen- und verstehen lernen. Dazu konzipierte er eine Führung mit besonderen Anschauungsmaterialien, die in eine interaktive Wanderung über das Hochplateau mündet und am Ende den Begriff Terroir ein ganzes Stück besser verständlich werden lässt.

Treffpunkt für seine Tour ist das Wahrzeichen Gau-Bickelheims, die auf halber Höhe liegende Kreuzkapelle, die in der Zeit von 1907 bis 1910 zum dritten Mal erbaut wurde: Zerstört wurde sie das erste Mal im Zuge der Französischen Revolution, die anderen beiden Male infolge von Erdbewegungen, ausgelöst durch Schleichsandmergel.

Die Kirche steht auf einem wertvollen Weinberg, den der Oberschultheiß Johann Jakob Hees zu „Gau-Böckelheim“ eigens dafür 1755 zur Hälfte zur Verfügung stellte. Eine Besichtigung außerhalb

Geologie Rheinhessens im Modell

des sonntäglichen Gottesdienstes ist nach Anmeldung bei Susanne Fels möglich.
Noch heute ist die Kirche im Mai und September Wallfahrtsort.
Die Kreuzkapelle grüßt majestätisch vom Berg herunter, wenn Wanderer den Weg mit den vierzehn Kreuzwegstationen vom Ort herkommend ablaufen oder sich gemütlich vom Auto den Berg hochfahren lassen, bis sie direkt an der Kirche einen Parkplatz finden. Dort startet die geologische Stunde.
„Ich habe ein Modell gebaut, in dem alle geologischen Formationen enthalten sind, die in Rheinhessen vorkommen“, erklärt Wolfgang Schwehm. Er schichtete Gesteinssorten, Versteinerungen und Fossilien in einem Glaszylinder. Dabei reduzierte er die gesamte Erdgeschichte von insgesamt viereinhalb Milliarden Jahren maßstabsgetreu auf ein einziges Jahr.
Zu Beginn seiner Ausführungen ist der Inhalt des Zylinders unter einem Folienring verborgen. Erst nach und nach zieht der Gästeführer die Abdeckung stückweise in die Höhe und gibt dabei die Schichten mit Materialien frei, die jeweils für ein in Rheinhessen vorgekommenes Erdzeitalter stehen. „Mein Modelljahr beginnt am 10. Dezember mit der Formation des Rotliegenden in Rheinhessen. Auf dem glühenden Gasball Erde haben sich längst Platten verfestigt“, berichtet Wolfgang Schwehm und mit dem Blick auf die Landschaft ringsum lässt er nach und nach die vier unterschiedlichen Vorkommen des Rotliegenden in Rheinhessen entstehen, die Flonheimer Sandsteine, den Roten Hang bei Nierstein, Rhyolith in der Rheinhessischen Schweiz und Andesit im Aulheimer Tal. Schwehm berichtet von Vulkangesteinen und dem Falten der Alpen, vom Oberrheingraben und dem Mainzer Becken, von Meeresüberflutungen und den Fundstücken, die das heute noch belegen. Er erzählt von Hangrutschungen durch die „schleichende Erde“, die heute noch eine Gefahr für die Kreuzkapelle und die Wingerte hier ist, und von der zweiten Meeresüberflutung, die das Kalksteinterti-

är schuf. Im Eiszeitalter nagten die Flüsse an den Gesteinen und leisteten starke Erosionsarbeit, als sie im Laufe der Jahre breite Täler in die Landschaft einschnitten. In dieser Zeit wurde der Schleichsand in Richtung Meer wegtransportiert. „Der Wissbach und auch die kleine Selz, das waren früher ganz andere Flüsse“, weiß Schwehm. Immer wieder lässt er verschiedene Fundstücke, Versteinerungen und Fossilien unter seinen Zuhörern kreisen und beantwortet Fragen. Nach der Ankunft in der Gegenwart macht sich die Gruppe auf den Weg und folgt ein Stück weit den Windungen des geteerten Weges, bis alle nach links in einen Feldweg einbiegen und parallel zum Hang weiterlaufen, bis sie in einem Bogen den Rückweg antreten. Wer mag, kann während der Wanderung in einem Weinberg unter Anleitung nach eisenerzhaltigen Gesteinen, sogenannten „Bohnerzen“ suchen.

Führung: Wolfgang Schwehm, KWB, 06731/44901
Text: Heike Sobotta

Der Spaziergang in Kürze

Start:
Kreuzkapelle
Länge:
vca. 6 km
Dauer:
1,5 – 2 Std.

Anfahrt:
Auto:
A61, Ausfahrt Gau-Bickelheim
ÖPNV:
Bahnhof Gau-Bickelheim an der Bahnstrecke Worms-Alzey-Bingen

Außerdem:
- **Besichtigung der Kreuzkapelle** mit Susanne Fels, KWB, Tel. 06701/7148
- **Geologischer Wanderweg Ingelheim-Gau-Algesheim** 3 km, 2 Std.

In der Umgebung
- **Sprendlingen:** siehe Seite 102ff
- **Partenheim:** siehe Seite 86ff

Einkehrtipp:
- **Golf Hotel Rheinhessen**
  Hofgut Wissberg
  55578 St. Johann
  Tel. 06701/9164-50
- **Gutsschänke im Höfchen**
  Weingut Gerhard Erbenich
  Schmalzgasse 4
  55599 Gau-Bickelheim
  Tel. 06701/7701
  Öffnungszeiten:
  Fr + Sa ab 18, So ab 17
  www.weingut-erbenich.de
- **Weingut & Weinstube**
  Alfons Schnabel
  Bahnhofstr. 31
  55599 Gau-Bickelheim
  Tel. 06701/7582
  Öffnungszeiten:
  1.4. – 28.5., 9.10. – 29.10.:
  Fr + Sa ab 18

WONSHEIM 28.

Der Geburtsort des Heimatdichters Bechtolsheimer

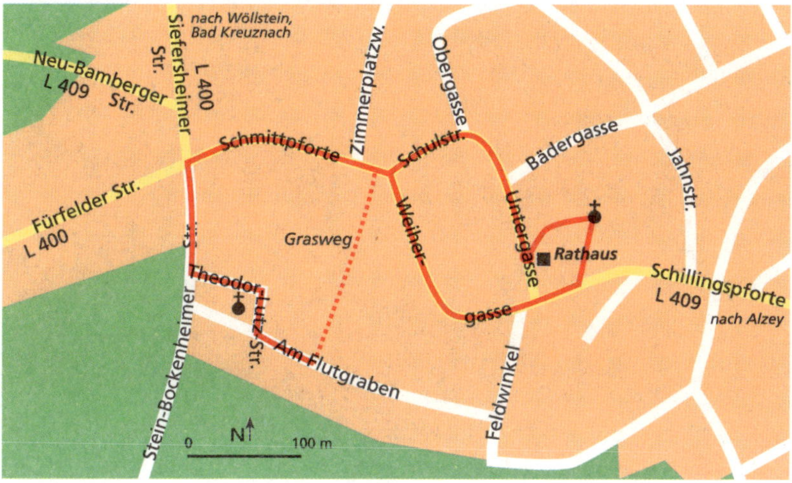

Ein Päonienweg mit 1000 verschiedenen Pfingstrosen aus aller Welt, ein Heimatdichter, um den sich ein Freundeskreis kümmert, und Häuser, die Baustile ganz unterschiedlicher Jahrhunderte repräsentieren.

In Fachkreisen ist Wonsheim deutschlandweit bekannt, denn Gartenführer und Blumenliebhaber aus der ganzen Republik reisen hierher, um „Paeoniaceae", so der lateinische Begriff für die Familie der Pfingstrosen, in ihrer ganzen Pracht zu erleben. Auf rund anderthalb Hektar blühen sie in allen Farben, von Weiß über Gelb bis zu Orange, Rosa oder in tiefem Rot, in verschiedenen Formen und Größen um die Wette. Zur Blütezeit im Mai sind die Gartenanlagen am Päonienweg mitten im Ort tagsüber geöffnet und Züchter Volker Emrich ist vor Ort, um alle Fragen zu beantworten. Die Päonienzucht ist auch am Tag der offenen Gärten zu besichtigen. Und: „Dieser Weg ist auch im Winter schön", weiß Kultur- und Weinbotschafterin Hedda Hinkel, die Wonsheim wie ihre Westentasche kennt und kenntnisreich durch den Ort führt.

Der Päonienweg ist nicht die einzige Überraschung, die Wonsheim mit seinen 935 Einwohnern mitten in der Rheinhessischen Schweiz bietet. Der Ort lädt zum Bummeln und Schauen ein, gibt es doch eine ganze Reihe stattlicher Hofanlagen mit Drei- oder Vierseithö-

Blick auf das Rathaus und die Lambertuskirche

fen und Häuser aus verschiedenen Jahrhunderten zu sehen. Dabei lassen sich gut typische Baumerkmale vom Barock- bis hin zum klassizistischen Baustil erkennen.
An allen markanten Gebäuden finden sich Schilder mit Zahlen und Fakten, sodass man Wonsheim gut allein durchwandern kann. Zusammen mit Hedda Hinkel allerdings wird die Geschichte der Gemeinde lebendig. „Das erste Dokument über Wonsheim stammt aus dem Jahr 800, als Herting und Odilpraht dem Kloster Fulda ihren Besitz in Vuanesheim schenkten", berichtet sie. Leider sei von diesen Herren sonst nichts mehr bekannt. Während die Gäste zusammen mit der Kultur- und Weinbotschafterin von der Untergasse durch die Schulstraße zur Schmittpforte laufen, hören sie von anderen Wild- und Raugrafen, vom Ritter Godelmann von Wonsheim und seiner Frau Kunigunde. Sie laufen auch am Gasthof „Zum Ochsen" vorbei, in dem es ein Schwimmbad gibt, das nicht nur den Hotelgästen vorbehalten ist: So lernen schon seit vielen Jahren die Kinder des Ortes hier schwimmen.
Dort, wo die Schmittpforte die Siefersheimer und die Stein-Bockenheimer Straße kreuzt, erfahren die Gäste die wichtigsten Daten aus dem Leben von Heinrich Bechtolsheimer, der von 1868 bis 1950 lebte, in Wonsheim aufwuchs, später Theologie studierte, in Lampertheim, Mainz und Gießen Pfarrstellen innehatte und den Le-

Gedenktafel am Geburtshaus von Heinrich Bechtolsheimer

bensabend bei seiner Tochter in Hannover verbrachte. Dort starb er auch. Seine Totenruhe wünschte er sich allerdings in Wonsheim.
Heinrich Bechtolsheimer beobachtete seine Mitmenschen nicht nur sehr genau, er schrieb auch darüber. Seine wichtigsten Bücher mit Erzählungen, „Zwischen Rhein und Donnersberg“ sowie das 1907 erschienene „Das Hungerjahr“, werden heute noch aufgelegt. „Diese Bände gehören zum Schönsten, was die rheinhessisch-pfälzische Heimatdichtung hervorgebracht hat“, schwärmt die Gästeführerin, und während der Besucher das Geburtshaus im Blick hat, zitiert sie aus dem Brauchtumsschatz des Heimatdichters: „Es war in der Nacht vom 8. zum 9. September des Jahres 1808, da schlichen einige verdächtige Gestalten um die Scheuern und Gärten des kleinen Dorfes Wonsheim.“ Die Verdächtigen, das waren Kerbeburschen, die heimlich die Kirchweih, „die Kerb“, zu Grabe trugen. Ein Brauch, den es auch vor zwanzig Jahren noch gab, wie sich Hedda Hinkel erinnert.
Ein Förderverein kümmert sich darum, dass Bechtolsheimer nicht in Vergessenheit gerät. Die Mitglieder veranstalten Lesungen und pflegen eine Homepage, die sich seinem Werk widmet. Sein Geburts-

Päonienweg

haus ist wenig spektakulär und leider nicht zu besichtigen, da es sich in Privatbesitz befindet. Den Besuch seiner Grabstätte auf dem Wonsheimer Friedhof spart die Führung aus, der bleibt Interessierten allein überlassen.
Die Führung geht ein Stück weiter durch die Stein-Bockenheimer Straße bis zur katholischen Kirche. Dort biegt man links in die Theodor-Lutz-Straße ein, die später auf den Flutgraben zuführt. Auf diesem Wegstück offenbart sich noch ein guter Blick auf die geschlossene, fast abweisend wirkende Dorffront. Eng ducken sich Scheunen aneinander, bilden einen Scheunenkranz und erinnern so an ihre frühere Schutzfunktion. Als damals auch der Flutgraben noch mit Wasser gefüllt war, hatten Feinde kaum eine Chance, von dieser Seite aus in Wonsheim einzudringen.
Vom Flutgraben aus, genau gegenüber der Hausnummer 9, gelangt man über einen schmalen geschotterten Weg zum Pfingstrosen-Zuchtparadies, dem Päonienweg, und dann weiter in die Weihergasse. Die Besucher halten sich rechts und laufen bis zur Bushaltestelle. Dabei kommen sie an weiteren sehenswerten Gebäuden im barocken Fachwerk-Stil vorbei. Direkt gegenüber der Bushaltestelle führen Stufen zur evangelischen Lambertuskirche mit ihrem romanischen Kirchturm hoch. Die Ursprungskirche an diesem Platz bau-

te ein fränkischer Adliger als Privatkirche bereits im 8. Jahrhundert. Heute zeigt sich die Kirche mit einem romanischen Turm und einem im 18. Jahrhundert angebauten Langhaus. Im Inneren ist neben der barocken Ausgestaltung noch eine Krypta zu sehen. Leider ist die Lambertuskirche nur im Rahmen einer Führung zu besichtigen, da sie nur zu den Gottesdienstzeiten geöffnet ist. Der Besichtigungskreis schließt sich, wenn die Besucher die Kirche durch den Vordereingang verlassen. Nach dem Treppenabgang kommt man direkt wieder am Rathaus von Wonsheim in der Untergasse 7 an.

Führung: Hedda Hinkel, KWB, Tel. 06733/368
Text: Heike Sobotta

Der Spaziergang in Kürze

Start:
Rathaus, Untergasse 7, hier auch Parkmöglichkeiten
Länge:
1,5 km
Dauer:
ca. 1,5 Std.

Anfahrt:
Auto:
A61, Ausfahrt Gau-Bickelheim,
A63, Ausfahrt Erbes-Büdesheim

Und außerdem:
- **Walderlebnisweg 1 + 2**
  Länge ca. 2,3 km, bzw. ca. 6 km; Start in der Nähe von Hof Iben, am Tanklager, wo es auch Parkplätze gibt
- **„Schnuudetunkertour“** mit Hedda Hinkel

In der Umgebung:
- **Eckelsheim:** siehe Seite 23ff
- **Neu-Bamberg:** siehe Seite 73ff

Einkehrtipp:
- **Hotel/Restaurant Zum Ochsen**
  Öffnungszeiten:
  Di – So: 11.30 – 13.30, ab 17.30
  Tel. 06703/1331
  www.zum-ochsen-wonsheim.de

Rathaus

29. ZORNHEIM

Linden, Ulmen und viel Panorama

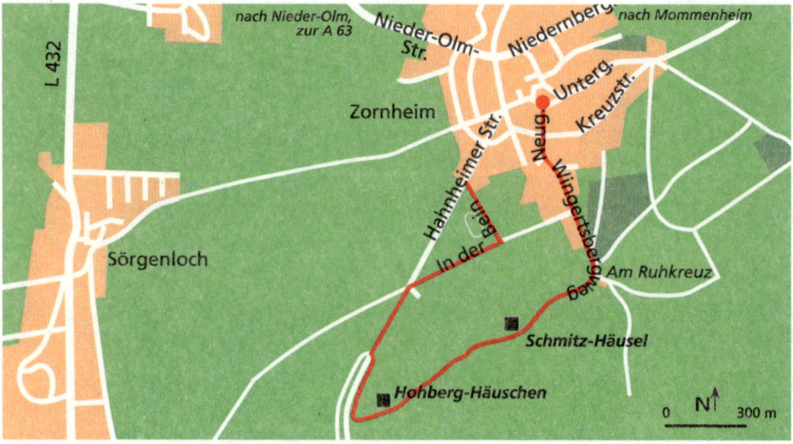

Zornheim zählt zu den höchst gelegenen Orten in Rheinhessen, liegt auf einem wahren Sonnenplateau und besitzt den ältesten Weinberg Rheinhessens.

In Zornheim lässt es sich gut leben. Das legt seit den Siebzigerjahren des vergangenen Jahrhunderts zumindest die Ausweisung mehrerer Baugebiete nahe: Stetig wuchs die Bevölkerung in einer der mit 214 Metern höchst gelegenen Weinbaugemeinden von Rheinhessen auf mittlerweile 3700 Einwohner an. Einer der Gründe hierfür ist die Lage. Zornheim grenzt an den Mainzer Stadtteil Ebersheim und ist durch eine Stadtbuslinie mit der Landeshauptstadt verbunden. Der 771 zum ersten Mal erwähnte Ort wirkt heute gepflegt, einladend und gemütlich und lässt sich gut im eigenen Tempo erkunden. Eine Wanderung auf dem Panoramaweg südlich von Zornheim ist allerdings der Aussicht wegen ein Muss.
Ortsgeschichte und Aussicht mischen auch die beiden Kultur- und Weinbotschafterinnen Sylvia Glaser und Hiltrud Hollich in ihren Führungen. Mit ihnen wird die Erkundung des Ortes und der Gemarkung zu einer höchst vergnüglichen Angelegenheit. Denn die zwei Frauen sind nicht nur geschichtskundig, sie pflegen auch rheinhessische Mundart und Identität („Guck emol un horch emol"). Wo es passt, servieren sie launige Kostproben, die den Besuchern die liebenswer-

Blick ins Selztal

ten und vielleicht manchmal ein wenig schrulligen Seiten des typisch rheinhessischen Bürgers näherbringen.
Der Rundgang beginnt am Sportplatz, da es dort auch gute Parkmöglichkeiten gibt. Bei unbeständiger Witterung begrüßen sie ihre Gäste im Ortsinneren, auf dem Parkplatz hinter dem Feuerwehrhaus, wo der Lindenplatz in den Ulmenplatz übergeht. „Die Ulme ist ein typisch rheinhessischer Baum, der durch Pilzbefall leider weitgehend ausgestorben ist", wissen die Gästeführerinnen und erzählen vom ehemaligen Dorfgraben, der aus zwei Gräben und einem dazwischen liegenden Wall mit Gebück und Effen bestand und Zornheim vor unerwünschten Eindringlingen schützte; Effe ist der rheinhessische Name für Ulme.
Die beiden erzählen auch vom Charme dieses Platzes in früheren Zeiten. Der Zweckbau einer Turnhalle veränderte in den Siebzigerjahren des letzten Jahrhunderts dessen Gesicht. Aber: „Der neue Lindenplatz wird ganz bestimmt toll", verspricht Hiltrud Hollich, denn die Planungen zu seiner Umgestaltung laufen bereits. Dann wird sich auch diese Ecke gefällig ins Ortsbild einfügen. Unter einer Linde lässt Sylvia Glaser auch die frühere Bedeutung der Dorflinde lebendig werden. So haben Linden nicht nur in Rheinhessen, sondern überhaupt in Deutschland eine lange Tradition. Sie bildeten den Ortsmittelpunkt und waren Treffpunkt zum Austausch der neuesten Nachrichten. Anfang Mai fanden meist Tanzfeste unter die-

Aussichtspunkt Am Ruhekreuz

sem Baum statt. Allerdings wurde unter ihnen auch das Dorfgericht abgehalten. Die Linde ist deshalb auch als Gerichtsbaum oder Gerichtslinde bekannt: Man glaubte, die reine Wahrheit würde sich unter der Linde offenbaren. In der napoleonischen Zeit pflanzte man in Rheinhessen Linden als Freiheitsbäume.

Vorbei an der alten Schule wandert man dann durch die Neugasse, lässt dabei die Gärtnerstraße links liegen und folgt dem von Gärten und Grün gesäumten Weg aus dem Ort hinaus, bis dem Wanderer auf einmal die unbeschreiblich schöne Rheinhessenlandschaft zu Füßen liegt. Der mit Abstand schönste Blick bietet sich auf einem Abstecher vom Panoramaweg, nämlich am Ruhkreuz mit einem von den beiden sogenannten Drei-Berge-Blick auf Petersberg, Donnersberg und Kloppberg, insgesamt einem fast 360 Grad Rundum-Panoramablick. Dabei kennen die Gästeführerinnen alle Orte, die sich in die Landschaft ducken, und nennen sie auf Wunsch beim Namen. Der markante Punkt Ruhkreuz wird mit den sogenannten Napoleonsbänken in Verbindung gebracht. Der französische Herrscher soll angeblich aus Freude über die Geburt seines ersten Sohnes an den Straßen Ruhebänke für die Bauersfrauen mit ihren Lasten auf dem Weg zum Mainzer Markt errichtet haben. Das Ruhkreuz selbst wurde im letzten Kriegsjahr des Ersten Weltkrieges von der katholischen Pfarrei in Zornheim errichtet. Es steht auch für das Feldkreuz der damaligen Weinbergslage An der Ruh. Der

Die katholische Pfarrkirche St. Bartholomäus

Flurname Am Kreuz beweist, dass bereits im 18. Jahrhundert an dieser Stelle ein Wegekreuz stand.
Nach intensiv genossener Aussicht und Mundartlichem, verpackt als „Rheinhessen-Basics“, geht es zurück in den Ort, wo vor allem der 1991 aus zwei Bauerngehöften in einen Gemeindehof umgestaltete Gebäudekomplex in der Kirschgartenstraße mit Rathaus, Gemeindebücherei und Bürgercafé eine weitere Station auf dem Rundgang ist. Zum Abschluss geht es in Richtung katholische Pfarrkirche mit dem ehemaligen Pfarrhaus, in dem heute auch kleinere Feiern stattfinden können. Bevor die Kirche St. Bartholomäus in der Zeit von 1894 bis 1895 im neugotischen Stil errichtet wurde, standen an dieser Stelle nachweislich vier Vorgängerbauten. Den Kirchturm mit den vier Glocken erhöhte man erst 1955 auf eine Höhe von 43 Metern. Die hohen Fenster sind mit gotischem Maßwerk geschmückt und im Innern findet sich ein Hochaltar, der mittelalterliche Formen aufweist. Die Besichtigung der Kirche setzt den Schlusspunkt der Führung, die dann in der Weinstube direkt neben der Kirche in den gemütlichen Teil übergehen kann.

Führung: Sylvia Glaser, KWB, Tel. 06136/44383 und
Hiltrud Hollich, KWB, Tel. 06136/44771
Text: Heike Sobotta

Der Spaziergang in Kürze

Start:
Sportplatz, Hahnheimer Straße, hier auch Parkmöglichkeiten
Länge:
4 km
Dauer:
2 Std.

Anfahrt:
Auto:
A63 Abfahrt Nieder-Olm
ÖPNV:
MVG Linie 66 und 67

Und außerdem:

- **Nordic Walking Park:**
  3 Routen mit 4,5, 5,6 und 5,8 km Länge und mittlerem Schwierigkeitsgrad; Ausgangspunkt: Sportplatz Hahnheimer Straße
- **Wegekreuze:**
  Niedernbergstraße, Hahnheimer Straße, Kreuzstraße / Ecke Weidenweg
- **Heiligenhäuschen:**
  am Friedhof und in der Kapellenstraße

Einkehrtipps:

- **Zornheimer Weinstuben**
  Röhrbrunnenplatz 1
  55270 Zornheim
  Tel. 06136/45616
  www.zornheimer-weinstuben.de
  Öffnungszeiten:
  Di – So ab 17
  So + Fei 12 – 14, 17 – 24
- **Gutsausschank Orangerie**
  Außerhalb 2
  Hahnheimer Straße
  55270 Zornheim
  Tel.06136/43839
  www.gutsausschank-orangerie.de
  Öffnungszeiten:
  Do, Fr, 18 – 23, Sa 16 – 23
  So 16 – 22.30
- **Zornheimer Bürgerstube bei Tasos**
  Obere Pfortenstraße 4
  55270 Zornheim
  Obere Pfortenstraße 4
  Tel. 06136/7649101

DAS ZUCKERLOTTCHEN | 30.

Mit dem Rad auf den Spuren der Selztalbahn

Mit dem Fahrrad vorbei an alten Bahnhöfen und Mühlen quer durchs rheinhessische Hügelland.

Sie existierte nur rund fünfzig Jahre, die Selztalbahn. Von 1904 bis 1954 verband sie mit ihrer Strecke die Orte von Ingelheim-Nord (Frei-Weinheim) bis Jugenheim-Partenheim mit der großen weiten Welt. Heute sind ihre Gleise längst abgebaut, trotzdem ist die Selztalbahn, im Volksmund liebevoll „Zuckerlottchen" genannt, unvergessen.

1904 bestand das fahrende Material des Zuckerlottchens aus drei Lokomotiven, sieben Personenwagen, einem Gepäck-, sechzehn Güter- und einem kombiniertem Gepäck- und Personenwagen. Im ersten Halbjahr 1904 wurden 63.000 Personen und 23.000 Tonnen Güter befördert. Diese Zahlen stiegen 1906 bereits auf 197.000 Personen und 52.000 Tonnen Güter an.

Damit läutete das Zuckerlottchen eine neue Ära im Selztal ein: Landwirtschaftliche Produkte konnten mit ihr einfacher und schneller zum Verbraucher oder zur Weiterverarbeitung transportiert werden, vor allem die Zuckerrübenernte im Herbst. Aber auch Bauers-

Das Zuckerlottchen um 1905 in Frei-Weinheim

frauen kamen so mit ihren Waren einfacher zu städtischen Märkten, erste Pendler fuhren mit dem Zug nach Ingelheim zur Arbeit: Kurz, das Selztal erwachte aus seinem Dornröschenschlaf. Heute erinnern nicht nur zu Wohnhäusern umfunktionierte Bahnhöfe an die Strecke, auch der Selztalradweg nutzt ein Stück weit die alte Bahntrasse. Außerdem erzählen Straßennamen und weitere historische Gebäude von der Ära der Eisenbahnlinie durch das Selztal. Zu Fuß, als Tageswanderung oder mit dem Fahrrad lässt sich der historische Bahnweg immer noch erkunden. Die Kultur- und Weinbotschafterin Ingrid Dahlheimer fährt die zwanzig Kilometer lange Strecke zusammen mit Gästen am liebsten mit dem Fahrrad ab, wenn sie mit Fakten, Anekdoten und dem Zeigen der schönsten Bahnhöfe an das Zuckerlottchen erinnert.

Die ehemalige Bahnhofsgaststätte in Schwabenheim

Wer sich mit ihr zur Fahrradtour rund um das historische Bähnchen verabredet hat, trifft sie in Ingelheim, am Ende der Rheinstraße in Frei-Weinheim unter der Eiche, die auf dem Parkplatz vor dem Bootshaus des Rudervereins steht.

Nach einem ersten Eintauchen in die Historie der kleinen Eisen-

Das Viadukt zwischen Ingelheim und Groß-Winternheim

bahn startet die Tour stadteinwärts die Rheinstraße entlang. Schon nach wenigen Metern biegen die Radler rechts in die Rheingewann ein, denn mit der Hausnummer 13 ist hier der ehemalige Bahnhof und mit der Nummer 24 der einstige Lokschuppen zu finden, der heute ein beliebtes Ausflugslokal ist. Dann führt Ingrid Dahlheimer weiter in die Talstraße. Dort ist die alte Trasse nur noch zu erahnen, da sie außerhalb der derzeitigen Ortsbebauung verlief und sich die Grundstücke heute teilweise in Privatbesitz befinden. Am Ende der bogenförmig verlaufenden Talstraße biegt man nach rechts in die Rheinstraße ein und folgt dem Radweg an der Ampel-Kreuzung nach links in die Konrad-Adenauer-Straße, unter der Autobahn und der Eisenbahnlinie durch und vorbei an mehreren Kreiseln, bis zur Baumschule Weil. Hier verlässt man die Hauptstraße und folgt dem Radweg rechts, der dann zwischen Gärten, heutiger Bahntrasse und über die Selz bis zur Druckampel an der Binger Straße führt. Nach dem Überqueren der Straße folgt die Gruppe bis Groß-Winternheim dem ausgeschilderten Selztalradweg. Während der Fahrt hält Ingrid Dahlheimer immer wieder an markanten Punkten oder verlässt den Radweg kurz: Etwa um am Ende der Selztalstraße den alten Bahnhof von Ober-Ingelheim oder später das Viadukt, über das das Zuckerlottchen ratterte, oder um die Mühlen im Selztal oder in der Straße „Am Zuckerlottchen 4" die einstige Bahnstation von Groß-Winternheim zu zeigen. Bevor sie dann dem Radweg durchs liebliche Selztal mit Blick auf rheinhessische Hügel bis Schwabenheim und Stadecken-Elsheim folgt, schwenkt sie kurz zur evangelischen Kirche in Großwinternheim ab, dem sogenannten „Selztaldom". Das Hauptaugenmerk liegt aber auf der Streckenführung des Zuckerlottchens und auf den Bahnhöfen. Der Schwabenheimer liegt am Radweg und ist nicht zu übersehen, da er heute als Kindergarten genutzt wird. In Elsheim steht einer in der Schulstraße

59 und dient heute als Wohnhaus. Um ihn anzusehen, muss man den Radweg ein Stück verlassen, um nach der Besichtigung dorthin zurückzukehren und weiter in Richtung Stadecken, und zwar in Richtung Talstraße, zu radeln Eine kurze Parallelstraße zur Talstraße ist die Bahnhofstraße. „Hier stand die schönste Haltestelle. Das baulich besonders gestaltete Wartehäuschen fiel leider dem Vandalismus der Nationalsozialisten zum Opfer“, bedauert die Gästeführerin und kann hier nur ein Foto zeigen. „Im Sommer, wenn die Gärten blühen, ist die Strecke am schönsten“, schwärmt Ingrid Dahlheimer. Dann heißt es für das letzte Stück in die Pedale zu treten, um zwischen Wiesen auf den ausgeschilderten Radweg nach Jugenheim zu kommen. Die Endstation des Zuckerlottchen ist der ehemalige Bahnhof Jugenheim-Partenheim, in der Bahnhofstraße 20. Auch er ist heute ein Wohnhaus. Ein Stück weiter oben gibt es auch hier noch einen historischen Lokschuppen zu sehen.
Zum Schluss gibt Ingrid Dahlheimer dann noch den liebevollen Spottvers zum Besten, den früher die Großeltern ihren Enkeln vorgesungen haben:

„O Selztalbahn, o Selztalbahn,
wie bist du doch so üwwl dran!
Im Winter bist du eingeschneit,
im Sommer fahrn mit dir koo Leit.
O Selztalbahn, o Selztalbahn,
wie bist du doch so üwwel dran!“

Die Radstrecke verläuft über weite Strecken eben, nur in Richtung Groß-Winternheim ist eine kurze Steigung zu bewältigen. Geübte Radler bewältigen leicht den Rückweg, andere können mit dem Bus zurückfahren.

Führung: Ingrid Dahlheimer, KWB, 06132/1774
Text: Heike Sobotta

Der Spaziergang in Kürze

Start:
Ingelheim, Parkplatz Bootshaus
Länge:
20 km einfache Strecke
Dauer:
2,5 Std.

Anfahrt:
Auto:
A 61, Ausfahrt Ingelheim-West und dann Richtung Rheinfähre
ÖPNV:
Bahn und Bus

Der ehemalige Bahnhof in Groß-Winternheim

Und außerdem:

- **Kaiserpfalz Ingelheim**
- **Burgkirche und Stadtmauer-rundgang Ober-Ingelheim**

In der Umgebung:

- **Schwabenheim:** siehe Seite98ff
- **Saulheim**: siehe Seite 94ff

Einkehrtipps:

- **Zum Lokschuppen**
  In der Rheingewann 24
  55218 Ingelheim
  Öffnungszeiten:
  Di-Sa ab 17.30, So ab 16
  Tel. 06132/896699
- **Margarethenhof Schwabenheim**
  Am Sportfeld 25
  55270 Schwabenheim
  Tel. 6130/94027-01
  www.margaretenhof.de
- **Gutsausschank Mengel-Eppelmann**
  Mühlstraße 16
  55271 Stadecken-Elsheim
  Tel. 06130/94-5504
  Öffnungszeiten:
  Fr ab 18, Sa ab 17, So ab 16
  www.mengel-eppelmann.de
- **Gutsschänke Schwalbenhof**
  Vordergasse 15
  55288 Partenheim
  Tel. 06732/5882
  Öffnungszeiten:
  Fr, Sa ab 18, So ab 11.30
  www.weingut-schwalbenhof.de